Olivia Moogk

Feng-Shui. Das 1x1 der Harmonie

FENG-SHUI

Das 1x1 der Harmonie

Olivia Moogk

SILBERSCHNUR VERLAG

MIX
Papier aus verantwortungsvollen Quellen
FSC® C014138
www.fsc.org

ISBN: 978-3-89845-379-0

1. Auflage 2012

Gestaltung & Satz: XPresentation, Güllesheim
Umschlaggestaltung: XPresentation, Güllesheim; unter Verwendung des Motivs #25293098, www.fotolia.com
Druck: Finidr, s.r.o. Cesky Tesin

Verlag »Die Silberschnur« GmbH · Steinstr. 1 · 56593 Güllesheim
www.silberschnur.de · E-Mail: info@silberschnur.de

Inhalt

火土金水木

Vorwort

Sicherlich fragen Sie sich, ob Feng-Shui wirklich das hält, was es verspricht. Aus meiner Erfahrung ist Feng-Shui äußerst wirksam, wenn man die Ratschläge zur „Lehre von Wind und Wasser" auch umsetzt und danach strebt, im Einklang mit seinen Mitmenschen und seiner Umgebung zu leben.

Sie brauchen nicht an Feng-Shui zu glauben, es wirkt ohnehin. Es ist so, als ob Sie infrage stellen würden, ob es Energie überhaupt gibt.

Energie, Chi genannt, umgibt uns überall und ist in jedem Menschen die eigentliche Lebensessenz. Feng-Shui-Methoden können ein wirksames Werkzeug sein, um Chi zu erkennen, zu lenken, anzuziehen oder auch schädliche Energieeinflüsse abzublocken.

Man unterscheidet hier Sha-Chi-Energien, die Gegenspieler zu Sheng-Chi-Energien, die aufbauenden Charakter haben, denn so, wie es Plus und Minus gibt, so gibt es Yin und Yang. Gegenpole sind überall zu finden, wie Tag und Nacht, heiß und kalt und so weiter. Feng-Shui nun gleicht die Polaritäten aus, es ist dazu da, positive Energieströme anzuziehen und die negativen abzulenken.

In diesem Buch werde ich Ihnen aus meiner über zwanzigjährigen Erfahrung genügend Beispiele und Informationen an die Hand geben, damit Sie selbst mit Feng-Shui arbeiten und Harmonie, Erfolg und Gesundheit anziehen können. (Wenn es in dem einen oder anderen Fall eines Feng-Shui-Masters bedarf, so werden Sie Hinweise hierzu im Buch finden.) Ich habe bei meinem Studium in China gelernt, dass Feng-Shui immer und überall wirksam eingesetzt werden kann, und daher wird es sowohl um die Möglichkeiten von Feng-Shui beim Haus- oder Umbau gehen als auch bei der Anlage von Gärten und Außenanlagen, um Glück und Gesundheit der Bewohner zu mehren. Gesetzt den Fall, Sie würden sich auf Haus- oder Wohnungssuche begeben, so sind für

Ihr zukünftiges Leben Feng-Shui-Kenntnisse ebenfalls sehr hilfreich bei der Standortwahl, denn so werden Sie mit Sicherheit eine glückliche Wahl treffen! Sie finden in diesem Buch darüber hinaus Hinweise für Praxen, Kanzleien, Hotels, Geschäfte und Büros, um auch hier erfolgreich agieren zu können. Mag die Wirtschaft noch so schlecht sein, mit Feng-Shui gibt es selbst in einer Krise immer Gewinner, denn ich habe oft erlebt, dass die Bewohner nach der Umsetzung der Maßnahmen großes persönliches und finanzielles Glück erlebten. Auch Unternehmer nutzen immer mehr Feng-Shui, ob es sich nun um die Firmen Welonda, Wella, Pascoe, AMC oder um die Edeka-Märkte handelt, um nur einige zu nennen, immer wieder sind diese Unternehmen diejenigen, die von Feng-Shui profitieren: durch mehr Ansehen, durch eine bessere Auftragslage und durch einen geringen Krankenstand.

Ich wünsche auch Ihnen ein Glück bringendes Feng-Shui und viel Freude mit diesem Buch!

Ihre Olivia Moogk

Kapitel 1

Feng-Shui-Basiswissen

火土金水木

Die Grundlagen

Wer Feng-Shui, die Kunst, mit Wind und Wasser zu jonglieren, versteht, dem stehen Türen und Tore zu Gesundheit, Glück und Reichtum offen. Diese Lehre ist zirka 5000 Jahre alt, hat sich von China aus über die Seidenstraße bis nach Europa hin ausgebreitet und wurde bereits bei den Römern und ihren Bauwerken angewandt. Die energetische, harmonikale Bauweise hielt Einzug. Aber nicht nur die Chinesen, auch die Kelten hielten einen wahren Wissensschatz bereit und bauten Sonnenkalendarien (wie Stonehenge), wandten die Runenzeichen an und trugen zu neuem geomantischem Wissen bei. Heute sind keltisches Wissen, die Kunst der Geomantie und Feng-Shui zu einer Lehre verschmolzen, und ich werde Ihnen in diesem Buch ihre wichtigsten Regeln auflisten, wobei ich Sie gar nicht lange mit den Grundregeln des Feng-Shuis aufhalten möchte. Durch die praxisbezogenen Tipps werden Sie zudem sicher selbst spüren, wie sich Ihr Leben überaus positiv gestaltet, wie Geld aus ungeahnten Quellen strömt, wie sich in Sachen Liebe Türen öffnen und wie Eintracht und Harmonie in Ihrem Haus Einzug halten. Sie brauchen dafür noch nicht mal an Feng-Shui zu glauben, es wirkt immer! Feng-Shui ist dabei leicht zu verstehen, einleuchtend und äußerst bodenständig.

Die Grundlagen sind der Natur abgeschaut, und Wechselwirkungen zwischen dem natürlichen Umfeld, dem Wohnort, Ihrem Haus, in dem Sie leben, und dem Sonnenlauf sowie zeitliche Aspekte spielen neben Ihrem Geburtsdatum und den Himmelsrichtungen eine bedeutende Rolle. In diesem Buch gehe ich auch immer auf die fünf Elemente oder Wandlungsphasen ein: Feuer, Erde, Metall, Wasser und Holz. Sie sind von grundlegender Bedeutung, denn diese Elemente kommen im Körper vor und befinden sich auch in Ihrer Umgebung. Das Element Feuer verkörpert beispielsweise den Sommer, die Hitze und entspricht zu Hause Ihrem Ofen und damit der Wärme in Ihren Räumen. Im Körper reguliert das Element Feuer Ihr Herz, den Dünndarm und ist zuständig für die Eng- und Weitstellung der Gefäße sowie für die Aufrechterhaltung der optimalen Körpertemperatur. Wenn Sie sich nun beispielsweise in einem roten Raum aufhalten, so werden Sie merken, dass dieser Ihnen wärmer vorkommt oder Ihnen im Sommer sogar fast unerträglich heiß erscheint, insbesondere wenn er in einer südlichen Himmelsrichtung liegt und die Sonne den Raum zusätzlich erwärmt. Neigen Sie nun ohnehin schon zu Hektik und Bluthochdruck, dann kann es sein, dass es Ihnen in diesem roten Raum schwerfällt, eine innere Ausgeglichenheit zu bewahren: Sie reagieren gereizt und unausgeglichen. Wenn Sie mehr hierzu erfahren möchten, empfehle ich Ihnen das Buch *Naturmedizin und Gesundheit**.

Aber lassen Sie uns von unserem kleinen Ausflug wieder zurückkommen. Der zentrale und

* Im Anhang finden Sie das Kapitel „Empfohlene Literatur" mit allen Angaben zu den Büchern.

entscheidende Punkt im Feng-Shui ist nämlich die Energie. Einfach alles ist Energie, ob körperliche, geistige oder die Energie der Umgebung. Energie ist gleichbedeutend mit Kraft, Gesundheit und materiellem Erfolg - und ohne Energie haben Sie ein leeres Portemonnaie, um nur ein Beispiel zu nennen. Haben Sie nicht genügend gesunde Energie in Ihrem Umfeld, so werden Sie krank, was beispielsweise dann passiert, wenn Sie zu viel Plastik und künstliche Materialien um sich haben - doch ein gutes Feng-Shui bewahrt Sie davor. Darüber hinaus geht bei der Lehre darum, Energie zu lenken, Blockaden zu entfernen, negative Strömungen zu harmonisieren und positive Ströme anzuziehen, denn die große Kunst in unserem Leben besteht darin, die „Energiebalance" zu erhalten und wiederherzustellen, die Balance zwischen Berufs- und Privatleben beispielsweise. Energie erzeugt im Übrigen auch die Polaritäten von Yin und Yang, die in einem ausgeglichenen Verhältnis vorkommen sollten. So ist es nicht verwunderlich, dass gerade das Wechselspiel von Ruhe und Aktivität, von kühlen und warmen Farben, von weichen und harten Materialien ausschlaggebend dafür ist, ob Sie sich in Ihren Räumen wohlfühlen oder nicht. Alles, was im Leben einseitig ist und dauerhaft nur in eine Richtung getrieben, also übertrieben wird, ist aus der Balance geraten. Schon der Weise Laotse sagte, dass alles aus Yin und Yang zusammengesetzt sei und dass die Energie, „Chi“ genannt, beide Pole harmonisch miteinander verbinde. Die kosmische Energie „Chi“ ist in allem und jedem, sie pulsiert, verändert sich mit den Jahreszeiten und schwingt in jedem Stuhl, jedem Tisch und jeder Ihrer Zellen. Der Tisch und Sie haben eines gemeinsam: Energie! Nur sind es verschiedene Schwingungsformen, aber Sie stehen stets in einer Verbindung zu der Sie umgebenden Schwingung - und genau da setzt Feng-Shui an.

Lassen Sie uns noch genauer werden: Es gibt keine Materie an sich. Alles ist fließend, alles ist Energie - und daher kann auch nur auf Energieebene etwas bewirkt werden. Ob die Sie umgebenden Energien aufbauender oder zerstörerischer Natur sind, das macht dann den Unterschied! In diesem Buch des Feng-Shui-1x1 werden Sie reich werden, reich an Wissen - und hoffentlich zögern

Sie keinen einzigen Augenblick mit der Umsetzung! Denken Sie an meine Worte und meine langjährige Erfahrung für Unternehmer, Privatleute und Häuslebauer: Feng-Shui ist eine Tatsache. Öffnen Sie sich für diese neuen Gedanken, es lohnt sich. Denn dann öffnet sich für Sie eine neue, wunderbare Tür zu mehr Energie, Freude, Gesundheit, Glück, Geld und Liebe!

Überblick über die Grundlagen des Feng-Shuis

Chi

Chi ist eine Energieform, die das Leben erhält. Sie wird auch als Lebensenergie bezeichnet. Entweicht aus einem Baum beispielsweise die Lebensenergie, Chi, so ist er nicht mehr belebt und stirbt ab, das heißt, ohne Chi haben Menschen und Dinge keine Kraft mehr zum Leben. Chi ist der „Odem des Lebens" und wird auch als Prana oder Qi bezeichnet.

Chi fließt im gesamten Körper und versorgt alle Organe mit Energien, die man zum Leben braucht. Darüber hinaus ist Chi zu finden in den Bewegungen der Luft, des Wassers, der Pflanzen, der Erde, der Berge und der Organismen und Wesen dieser Erde. Chi verändert sich zudem mit den Tages-, Monats- und Jahresläufen.

Sha-Chi

Energie ist nicht immer positiv, sie kann auch eine negative Seite haben, „angreifen" und dann zerstörerisch wirken. Ein warmer Wind zum Beispiel ist positiv, aber ein Sturm kann zerstörerischer Natur sein. In diesem Fall spricht man von Sha-Chi oder „schneidendem" Chi. Dieses entsteht beispielsweise durch lange gerade Strecken oder spitz hervorragende Gebäudeteile.

Im Hausinneren kann sich Sha-Chi bilden durch Schadstoffausdünstungen aus Möbeln, Stoffen, Tapeten, Hölzern und Fussböden.

Auch Schimmelpilz in den Räumen ist der Gesundheit abträglich. Chaos, Unordnung und Schmutz im Übermaß erzeugen ebenfalls Sha-Energien, genauso wie Lärm, Abgase und Elektrosmog. Vermeiden Sie Sha-Chi, und umgeben Sie sich mit aufbauenden, gesunden Materialien; vermeiden Sie es, dort zu wohnen, wo Sie „Angriffen" von Sha-Chi ausgesetzt sein könnten.

Yin und Yang

Energie, Chi, erzeugt Yin und Yang. Beide Formen, der Pluspol (die Yang-Energie) und der Minuspol (die Yin-Energie) sind in einem ständigen Wechsel begriffen, allein im Körper wechseln beide Pole sich alle zwei Stunden ab! Am Tag herrschen die Yangkräfte am Morgen vor und die Yinkräfte am Abend. Frühling und Sommer stehen unter dem Einfluss von Yang und der Herbst und Winter unter dem Einfluss von Yin. Beiden Polaritäten sind darüber hinaus folgende Begriffe zugeordnet, die beliebig erweiterbar sind:

YIN	YANG
weiblich	männlich
Nacht	Tag
unten	oben
hinten	vorn
dunkel	hell
feucht	trocken
kalt	warm
Erde	Himmel

Exkurs:

Stellen Sie sich das berühmte zweigeteilte Symbol von Yin und Yang vor. Die eine geschwungene Seite ist dunkel und die andere hell. Die dunkle, die Yin-Seite hat aber das Yang als hellen Punkt in sich – und umgekehrt. Beide zusammen ergeben das Tao, die Harmonie, das Abbild vom allem, was ist: das Ganze, die Einheit. Die s-förmige Linie ist die Linie des Lebens: Sinus und Kosinus, Auf und Ab. Wenn ein Komapatient beispielsweise an ein Beatmungsgerät angeschlossen ist und seine Herzfrequenz sich auf dem Monitor zeigt, so haben wir auch hier ein Auf und ein Ab um die Mittellinie herum. Der Patient lebt. Ist der Patient aber tot, so gibt es nur noch eine gerade Linie auf dem Monitor zu sehen, ein lang gezogener Piepton ist zu hören und das Leben ist hiermit beendet und in Wandlung begriffen. Wenn das Leben ein Auf und Ab ist und sich in Wellenlinien um eine Mittellinie herum auf einem Monitor zeigt, die Herzfrequenz nie eine gerade Linie bildet und selbst Flussläufe nur gewunden durch die Landschaft verlaufen, warum begradigen wir sie dann? Die Flussbegradigung ist gegen das Leben, gegen die Harmonie gerichtet. Wenn wir doch wissen, dass sich auch unsere Doppelhelix als Spirale zeigt, so frage ich Sie, warum dann in der Umgebung alles eckig, spitzkantig, gerade und nivelliert sein muss? Schwingen wir nicht mit unserer Umgebung? Brauchen wir nicht mehr Resonanzen statt Dissonanzen?

Nichts gegen gerade Linien. Nur nicht im Übermaß! Denken Sie an Hundertwasser und seine berühmten Häuser. Welch ein Vorreiter auf dem Gebiet des harmonischen Energieflusses! Er sagte, mit der geraden Linie versuche man, die Menschen zu nivellieren. Er meinte, dass die geraden Böden für Roboter gemacht seien, aber nicht für Menschen. Denken wir einmal darüber nach. Bei meinen Hausplanungen liebt mein Klientel die für das Auge sichtbare Form- und Farbharmonie. Die Harmonie im Detail, die ein Ganzes ergibt, ohne dass man nur im Geringsten »Esoterik« vermuten würde. Die »Liebes-Kuschelinsel in Schnecken-Alkovenform« ist beispielsweise zu einem Markenzeichen bei meinen Hausplanungen geworden. Ziel ist es, im Wohnbereich einerseits Geborgenheit zu erzeugen, einen Ruhepol, Yin, und andererseits trotzdem an den Aktivitäten (Yang) der anderen teilzunehmen – allerdings aus einer geschützten Position heraus. Ein Eckchen der Ruhe im Trubel. Schaffen auch Sie sich gemäß diesem Prinzip ein Eckchen der Ruhe, vielleicht mit einem Baldachin über einem Sessel?

Stellen Sie sich abschließend die Frage: Wie geradlinig geht es in Ihrem Umfeld zu? Wo können Sie beispielsweise Rundungen einbringen? Wo lässt sich Ihr Leben durch Rundungen harmonischer gestalten? Ein kleines Beispiel für einen sofortigen Harmoniefaktor: Stellen Sie auf einen eckigen Tisch eine runde Schale, zum Beispiel aus lackiertem Bambusholz. Adressen hierzu finden Sie im Anhang (s. Seite 193ff.)

Die Elemente

Es gibt fünf Elemente, auch „Wandlungsphasen" genannt. Sie kommen im Körper genauso vor wie in der Natur. Ja, auch die Jahre selbst werden jeweils einem Element zugeordnet. 2012 und 2013 sind beispielsweise Jahre des Wassers, und wer in einem dieser Jahre geboren ist, wird als ein *Wasser-Mensch* bezeichnet. Das Element Wasser ist bei ihm das ganze Leben vorherrschend: Seine Einrichtung, seine ihn umgebenden Farben, Formen und Materialien werden im Feng-Shui nach ihm ausgerichtet. Auch die Himmelsrichtungen, in denen der Mensch später schlafen oder hauptsächlich arbeiten sollte, werden auf sein Element hin abgestimmt. Der Osten und

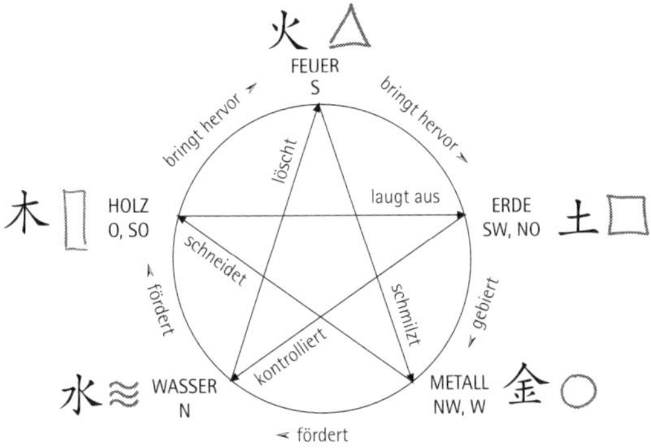

Der Elementekreislauf

Südosten gehören dem Element Holz an, der Süden dem Feuer, der Norden dem Wasser, Westen und Nordwesten dem Metall und der Nordosten und Südwesten entsprechen schließlich dem Element Erde. Selbst Hausformen werden nach diesem Muster betrachtet. So passt ein Hochhaus (Element Holz) beispielsweise nicht neben einen Flachdachbungalow (Element Erde). Dies würde sich aber ohnehin verbieten, wirft doch das Hochhaus lange Schatten und könnte so förmlich das kleinere Haus „erdrücken“.

Sehen Sie, wie die Elemente sich gegenseitig unterstützen oder kontrollieren (s. Abb. S. 25):

Den Elementen werden Farben, Formen, Jahreszeiten, Organe und mehr zugeordnet.

Feuer

- Himmelsrichtung Süden
- Sommer
- Hitze
- Rot
- Dreieck
- Herz/Kreislauf
- Schmecken
- Zunge

Erde

- Himmelsrichtungen Südwesten und Nordosten
- Spätsommer
- Feuchtigkeit
- Gelb, Braun, Ocker
- Quadrat, Rechteck, flach
- Magen/Milz-Pankreas
- Tasten
- Haut

Metall

- Himmelsrichtungen Nordwesten und Westen
- Herbst
- Trockenheit
- Weiß, Grau
- Kreis
- Lunge/Dickdarm
- Riechen
- Nase

Wasser

- Himmelsrichtung Norden
- Winter
- Kälte
- Blau
- formverändernd
- Niere/Blase
- Hören
- Ohren

Holz

- Himmelsrichtungen Osten und Südosten
- Frühling
- Grün

- hoch aufragend
- Gallenblase/Leber
- Sehen
- Augen

So wie sich das Jahr verändert, verändern sich auch die elementaren Kräfte. Die Energie des Jahres zieht sich beispielsweise im Herbst in sich selbst zurück, und das Element Metall ist am Wirken. Die Blätter fallen von den Bäumen, und das Jahr bereitet sich auf den Winter vor.

Die Traditionelle Chinesische Medizin arbeitet mit den Elementen, dem Verständnis von Yin und Yang, und heilt auf dieser Basis viele Krankheiten.

Kapitel 2

Die Umgebung und das Haus

火土金水木

Der Umgebungsfaktor

Sind Sie glücklich oder unglücklich an dem Ort, an dem Sie jetzt leben?

- Was hat sich dort alles ereignet?
- Sind es überwiegend positive Erfahrungen, oder haben die negativen Seiten des Lebens überhandgenommen?
- Sie glauben nicht daran, dass die Umgebung Auswirkungen auf Sie hat?

Doch es ist eine Tatsache, dass dort, wo Sie leben, wohnen und arbeiten, Menschen und Umstände Ihr Schicksal prägen. Was meinen Sie, warum Hamburg oder München so begehrte Städte sind? Sie sind reich, haben Wasser und eine geringe Arbeitslosenrate. Die Menschen im Ruhrgebiet hingegen hatten es von jeher schwer.

Denken Sie nur daran, was passieren würde, wenn Sie auswanderten, sich in einem kargen Landstrich neu ansiedelten und versuchten, sich dort autark zu ernähren. Ist der Boden karg, wächst kaum etwas Grünes dort und ist das Wasser nur schwer zu erreichen, so werden Sie diesen Landstrich bald wieder verlassen und in ein Gebiet ziehen, das Wasser und Grün zu bieten hat. Genauso verhält es sich auch mit Ihrer jetzigen Umgebung. Wenn Sie dort arbeitslos sind oder am Existenzminimum leben, dann wird es Zeit, umzudenken und ein neues Umfeld anzustreben. Wie das geht ohne Geld? Indem Sie sich jedem Menschen freundlich und hilfsbereit zeigen, indem Sie den Mund aufmachen und reden, sagen, was Ihnen vorschwebt. Die Gelegenheiten sind ganz nah, oft zum Greifen nah. Meine Freundin Renate hat beispielsweise einen Mann aus der Dresdner Landgegend eingestellt. Dort hatte er als Landwirt keine Chancen zu arbeiten. Er hat sich in Hessen bei Renate beworben, die ein großes Hofanwesen hat, und sie hat ihn angestellt, weil er freundlich, hilfsbereit und ehrlich auf sie wirkte. Sie hat es nicht bereut und ist höchst zufrieden mit ihm. Ihr Mitarbeiter aber hat sich von einem Landstrich, der für ihn wenig glückverheißend war, erfolgreich in ein neues Umfeld begeben - und dies mit Erfolg!

„Das geht nicht", gibt es bei mir nicht. Ich habe beispielsweise in Bad Schwalbach, dem Ort des Moores und der vielen Quellen, erst gedacht: „Was will ich hier?" Es musste ja irgendeinen Sinn haben, warum es mich so dorthin zog. In der Tat! Heute arbeite ich im Arbeitskreis „Gesundheit" mit und helfe der Stadt, indem unser Arbeitskreis beispielsweise die Zukunft des Ortes beleuchtet - und diese liegt eindeutig in Moor und Quellen. Deshalb haben wir der Stadt das Motto gegeben: „Bad Schwalbach - Moor- und Quellenreich". Es ist wichtig, dass ich mich aktiv im Ort einbringe. Deshalb liegt hier ein Aufgabenbereich von mir, eine Bestimmung, warum ich denn ausgerechnet in Bad Schwalbach gelandet bin. Überall, wo ich bin, sollen Fortschritt und Wachstum sein, möchte ich aktiv helfen und verändern, statt zu klagen und hinzunehmen.

Was für ein Mensch sind Sie? Indem ich Ihnen dies erzähle, möchte ich es Ihnen leichter machen, auch über einen Neubeginn oder einen Umzug generell nachzudenken, mit anzupacken und zu verändern, sich einzubringen und das Leben an Ihrem Ort mitzugestalten.

Den für Sie geeigneten Ort zu finden, hängt von Ihrem Grundmuster ab. Gehen Sie im Geiste einmal durch, ob Sie ein Mensch sind, der immer Abstand hält, ein „Yang-Muster“ hat, der auch Umarmungen nicht besonders schätzt und den Händedruck bevorzugt - oder ob Sie eher ein „Yin-Mensch“ sind, der gern umarmt, Nähe und Gespräche sucht und gern Kontakte hat. Als Yin-Mensch wird Ihnen ein Umzug nicht schwerfallen, und Sie werden sich in einem energiereichen, fruchtbaren Landstrich wohlfühlen - und nach einer Eingewöhnungszeit liebevolle Beziehungen zu Ihren Mitmenschen aufbauen. Ein Mensch mit einem „Yang-Muster“ ist ein Stadtmensch oder braucht zumindest viel Freiraum um sich herum. Ich beispielsweise baue gern Beziehungen zu meinen Mitmenschen auf. Dies gibt mir ein Gefühl von „Heimat“, egal, wo ich gerade lebe. Vielleicht nutzen Sie bereits wie ich das menschliche Chi und gehen gern zu Ihrem Schneider, Schuster oder Ihrem Bäcker, halten dort ein

Schwätzchen, interessieren sich für Ihre Mitmenschen oder machen diesen ab und an eine kleine Freude. Ein Ort wird ja bekanntlich umso heimischer, wenn man gute Beziehungen zu seinen Mitmenschen aufbaut.

Geben Sie Gutes, so bekommen Sie dies tausendfach zurück! Wer gibt, der erhält! Dies ist eine Gesetzmäßigkeit - ein Energiegesetz. Sind Sie ein Mensch, der sich den anderen Menschen mit Freundlichkeit und netten Hilfestellungen nähert? Zeigen Sie Interesse am Leben anderer? Ist dies der Fall, wird auch Ihr Gegenüber sich Ihnen öffnen. Das ist keine Berechnung, es ist einfach schön, wenn Sie mit einem Lächeln auf andere Menschen zugehen, um diesen das Leben zu erleichtern und sie aufzuheitern. Versuchen Sie es! Sie werden merken, dass es Ihnen selbst dabei sehr gut geht.

Und noch etwas zum Thema Energieaustausch: Sagen Sie, was Ihnen auf dem Herzen liegt, sprechen Sie die Dinge aus, aber sagen Sie die Dinge nett und nicht verletzend. Bleiben Sie ehrlich, und verschenken Sie Lebenskraft und Energie an Ihre Mitmenschen. Geben Sie nicht auf, und lassen Sie ab von üblen Gedanken - denken Sie an die Monade, das Yin-Yang-Zeichen: Beide Pole sind hier in Harmonie. Sie erhalten all Ihre guten Taten für Ihre Mitmenschen, Ihre aufmunternden und verständnisvollen Worte auch wieder als Geschenk zurück!

Mein Ziel ist es, andere Menschen glücklich zu sehen, ihnen den Tag zu verschönern, ihr Leben zu erleichtern, sie zu beschenken und ihnen Hoffnung zu geben. Konnte ich Sie inspirieren? Dann fangen Sie an, mit der Energie, mit dem menschlichen Chi-Austausch zu agieren. Sie werden viel Freude dabei haben und Ihr Leben bereichern.

Fragen Sie sich, wie es sich mit der Umgebung, in der Sie wohnen, verhält. „Nährt" Sie die Umgebung oder laugt Sie die Umgebung aus? Können Sie dort, wo Sie sind, Ihren Broterwerb haben? Finden Sie die Umgebung ideal? Wollten Sie schon immer so leben, inmitten der Stadt? Oder sind Sie eher ein „Landkind" oder ein „Bergmensch"? Fühlen Sie in sich hinein, und denken Sie auch daran, dass die Umgebung, in die es Sie zieht, Ihrem Glück zuträglich sein sollte. Seien

Sie bereit, alles im Rahmen Ihrer Möglichkeiten zu tun. Seien Sie bereit, sich zu verändern. Ich habe dies öfter in meinem Leben getan, und überall habe ich wieder liebevolle Umfelder aufgebaut. Ihre Freunde können Sie doch dennoch treffen, auch wenn Sie an einem anderen Ort wohnen. Dazu müssen Sie nur in Ihren Gedanken beweglich sein und dies wollen.

Der Ort, in dem Sie wohnen

Zuvor sind wir schon auf den Ort eingegangen, aber dabei lag der Fokus darauf, sich zu fragen, ob Sie überhaupt wohnen wollen, wo Sie sich derzeit befinden. In diesem Kapitel geht es darum, dass, wenn Sie sich für einen Ort entschieden haben, Sie zu diesem eine andere Art von Verbindung aufbauen sollten - nicht nur über die Menschen in Ihrem Umfeld ist dies möglich, sondern Sie sollten auch genau wissen, warum der Ort so heißt, wie er heißt. Dies verbindet Sie tiefer mit den alten Traditionen, und Sie können selbst stolz darauf sein, beispielsweise in einem Ort wie Wiesbaden zu wohnen, weil dieser von jeher für die feinen Frankfurter der Ort war, von dem es landläufig hieß: „auf der Wiesi baden gehen“. Die heißen Quellen machten es möglich und schenkten Wiesbaden seinen Namen. Auch Bad Schwalbach, der Ort, in dem ich wohne, hat eine alte Tradition und ist voller Quellen und Moore. Er hieß ursprünglich „Langenschwalbach“, weil er so lang gezogen ist, und im Badeort Bad Schwalbach war neben vielen anderen berühmten Persönlichkeiten sogar schon Kaiserin Sissi, um sich von ihren Depressionen zu heilen. Ich bin in jedem Fall stolz, in einem solchen Ort mit einer so alten, gewachsenen Tradition zu leben, in dem sich Könige, Literaten und Schatzgräber aufhielten. Aber wie steht es mit Ihrer Verbindung, der Energielinie, die Sie zu Ihrem Ort aufgebaut haben?

Selbst den Straßennamen sollten Sie einmal unter die Lupe nehmen. Sie wohnen doch nicht etwa in einer „Friedhofstraße“ oder im „Holzweg“? Ich kenne eine alte Dame, die gern dichtet – und wo wohnt sie? In der Theodor-Körner-Straße, die nach dem berühmten Schriftsteller benannt ist, der für das Wiener Burgtheater tätig war. Recherchieren Sie, warum Ihre Straße ihren Namen erhalten hat, schließlich werden Sie, solange Sie dort wohnen, Ihre Adresse ständig preisgeben – und jedes Wort, das Sie aussprechen, hat eine Schwingung, die bei Ihrem Gegenüber Gefühle, welcher Art auch immer, hervorruft. Mehr dazu erfahren Sie auch in meinem Buch *Bauen und Renovieren mit Feng-Shui. Der Bauherrenratgeber.*

Stellen Sie sich abschließend die Frage: Was genau verbirgt sich hinter dem Namen Ihres Ortes und hinter dem Straßennamen? Finden Sie es heraus, um Ihre Energien besser mit denen des Ortes verbinden und dort „Wurzeln schlagen“ zu können.

Die fünf Tiere

Im Feng-Shui spricht man von den fünf Tieren: der roten Schlange (der freie, offene Platz der Sonne), dem Drachen (eine immergrüne Berggruppe), dem Tiger (sanfte Hügel), der Schildkröte (der Schutzwall vor Winden und möglichen Angreifern) sowie dem Phönix (der ungehinderte Blick in die Ferne). Alle Tiere zusammen entsprechen einer „Lehnstuhlposition“: Man sitzt geschützt mit dem Rücken (Schildkröte), blickt in die Ferne (Phönix), sitzt auf einem Stuhl (der freie Platz, den Sie nun besetzt haben) und wird durch die Lehnen unterstützt (Tiger und Drache). Diese Position ist auch auf jede Position im Haus, im Garten und in der Landschaft übertragbar.

Die Tiere haben zudem sehr viel mit dem Sonnenstand zu tun: Im Süden steht beispielsweise die Sonne am Mittag, und dorthin sollte auch der freie Blick fallen, im Norden hingegen herrschen Dunkelheit und mehr Feuchtigkeit, dort ist der Rücken des Gebäudes (die Schildkröte) am besten aufgehoben. Grundsätzlich gilt: Sie sollten möglichst in einem vor Wind und

Gefahren geschützten Umfeld wohnen. Wenn Sie vor dem Gebäude stehen, in dem Sie wohnen, so sollte sich rechts davon der grüne Drache befinden, das heißt, hier befindet sich in der Nähe ein grüner Hügel, oder Ihr Nachbar hat ein höheres Haus als das Ihre – das natürlich nicht wesentlich höher sein sollte, um nicht so viel Schatten auf Ihr Haus zu werfen. Hohe Strukturen, wie eine Baumgruppe, stehen daneben günstigstenfalls in der Himmelsrichtung Osten. Im Feng-Shui spricht man, wenn Sie im Osten einen „grünen Drachen" (Bäume und grüne Berge) haben sollten, davon, dass die von hier ausgehende Yang-Energie Ihr Haus kraftvoll unterstützen wird. Ist in Ihrem Fall ein höheres Haus vorhanden, aber kein Grün in Sicht, so können Sie die Kraft herstellen, indem Sie beispielsweise einen Baum pflanzen. Sinnvoll ist dies, denn wer die Kraft des grünen Drachens einlädt, wird geschäftliche Unterstützung erfahren und sich aktiv in sein Umfeld einbringen können.

Schauen wir uns die linke Seite des Gebäudes an, in dem Sie wohnen. Hier sollte eine hügelige Landschaft in Sichtweite sein und ein Gebäude, das niedriger ist als Ihr Haus. Weiche Strukturen

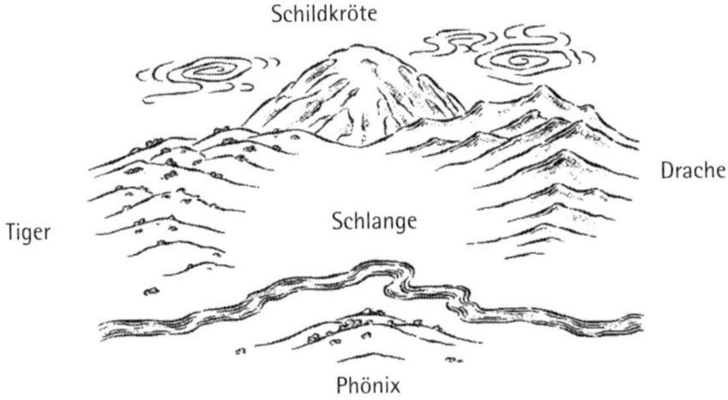

Lage der fünf Tiere in der Landschaft

symbolisieren den weißen Tiger, der idealerweise auf der westlichen Seite ist. Er strahlt Gelassenheit und Ruhe aus. Sind beide Tiere zur Rechten und Linken Ihres Gebäudes vorhanden und in Balance, so werden Sie sich einerseits gut entspannen und andererseits kraftvoll in den Tag starten können.

Dies können Sie aber nur, wenn Sie dazu noch eine gute „Schildkröte" haben. Diese befindet sich im optimalen Fall im Rücken des Gebäudes (die Rückseite, die „kein Gesicht" hat aus Balkonen, großen Fenstern oder Ähnlichem, oft die Frontseite eines Hauses; liegen Terrasse, Balkon oder große Fenster zum Garten hin, blickt das Haus in diese Richtung, und die Rückseite liegt zur Straße hin - dann müsste dort ein Schutz sein) und kann eine Baumgruppe oder eine Mauer sein oder auch ein Hügel. Dieser würde beispielsweise besagen, dass die Bewohner „erben" werden oder aus unerwarteten Quellen zu Reichtum kommen. Wenn Sie im Garten sind, bildet in der Regel das Haus die schwarze Schildkröte, und wenn sich dieser Schutz noch im Norden befindet, so handelt es sich um eine ideale Situation.

Das vierte Tier ist der rote Vogel Phönix. Hier sollte ein freier Blick möglich sein, und er befindet sich idealerweise im Süden.

Das letzte Tier ist die Schlange - der freie Platz auf dem Grundstück, das Zentrum, die Mitte.

Sehen Sie sich abschließend noch einmal die Gebäude und Landschaftsformen um Ihr Haus herum an, und fragen Sie sich, ob alle fünf Tiere bei Ihnen in der Form der Landschaft oder in den Sie umgebenden Gebäuden vorkommen.

Wenn nicht, so integrieren Sie die fünf Tiere der Landschaft selbst, indem Sie im Garten auf der Tigerseite (der Westen oder die linke Seite, wenn sich hinter Ihnen die Schildkröte befindet) einen Hügel schaffen und auf der Schildkrötenseite eine höhere Baumgruppe, Mauer oder ebenfalls einen Hügel. Mangelt es Ihnen an Weite, Fernblick und Licht, so brauchen Sie den roten Vogel Phönix. Er flattert in Ihren Garten, indem Sie vielleicht Bäume fällen, um die Sonne, das Licht und einen freien Blick zu gewährleisten. Sollte Ihnen darüber hinaus der grüne Drache fehlen (auf der rechten Seite, wenn Sie die Schildkröte im Rücken haben, oder in der Himmelsrichtung Osten), sind immergrüne Gewächse oder eine Baumgruppe ein harmonischer Ausgleich.

Die Grundstücksform

Symmetrische Grundstücke sind asymmetrisch geschnittenen vorzuziehen, denn gleichmäßige Formen erzeugen Harmonie und Glück. Am besten sind rechteckige oder quadratische Grundstücksformen, sie sind die Grundlage für das Glück der Bewohner. Dreieckige Grundstücke gelten seit jeher sogar als „Fluchgrundstücke", denn die dreieckige Form entspricht dem Element Feuer, und dies verbrennt alle guten Gelegenheiten. Geschäftsgebäude, die auf einem dreieckigen Grundstück stehen, werden bald bankrott gehen, dafür gibt es genügend Beispiele aus aller Welt. Sie brauchen in einem solchen Fall schon einen Meister auf dem Gebiet des Feng-Shuis, um das Glück selbst an einem solchen Standort wiederherzustellen; doch am besten verzichten Sie von vornherein auf den Kauf oder die Pacht! Nachteilig sind auch Grundstücke, denen zum Rechteck ein Bereich fehlt, da jeder Teil, der fehlt, auf einem Gebiet des Lebens Unfrieden erzeugt. Handelt es sich beispielsweise um die Ecke im Nordwesten, so werden sich die Männer des Hauses immer benachteiligt fühlen und das Haus bald verlassen. Ist es eine Grundstücksecke im Osten, die den Fehlbereich aufweist, so wird der älteste Sohn das Haus frühzeitig verlassen, und die Familie wird es schwer haben, den Zusammenhalt aller Familienmitglieder zu gewährleisten. Die Gesundheit wird ebenfalls eine immerwährende „Baustelle" sein.

Aber auch die runden Grundstücksformen sind nicht ideal, eignen sie sich doch eher für Moscheen oder spirituelle Gebäude als für das alltägliche Leben. Wenn Sie mehr hierzu erfahren möchten, so lesen Sie gern mein Buch *Bauen und Renovieren mit Feng-Shui. Der Bauherrenratgeber.*

Stellen Sie Ihre Grundstücksform fest, und scheuen Sie sich nicht, mir Ihren Plan zuzusenden, wenn Sie Probleme haben sollten, die Form zu deuten. Für Korrekturen und Abhilfen werde ich natürlich persönlich zu Ihnen kommen oder auch ein Mitglied unseres Teams. Sollten Sie an diesem Punkt schon etwas in Eigenregie unternehmen wollen, so empfehle ich Ihnen das Buch *Qi-Gardens*.

Die Hausform

Es gibt einige Häuserformen, die viel Ärger für die Bewohner mit sich bringen. Das sind zum einen Häuser, die einem zerklüfteten Felsen ähneln, einem militärischen Fort gleichen oder gar einem Kartenhaus. All dies gibt es, und die Folgen für die Bewohner waren fatal! Auch wenn Ihr Haus von Säulen umgeben ist und es sich nicht gerade um ein Regierungsgebäude handelt (dort sind Säulen ein Zeichen von Macht), werden die Bewohner das Gefühl haben, als würde auf sie eingeschlagen, und Attacken von außen sind zu erwarten.

Aber auch die Form des Gebäudes spielt eine Rolle und sollte von drei Aspekten bestimmt sein: Stabilität, Gleichgewicht und Harmonie. Das Haus, in dem Sie wohnen, sollte einen rechteckigen oder quadratischen Grundriss haben. H- oder l-förmige Gebäude sind dagegen problematisch. Eine stabile Form unterstützt aber die Gesundheit und den Erhalt der Lebensgrundlagen, und steht das Haus auf einer massiven Grundlage, so ist dies günstig. In einem Apartmenthaus in Teneriffa war dies leider nicht der Fall. Der massige Körper mit zehn Geschossen stand auf felsigem Untergrund am Abhang, und man konnte zwischen dem Felsen und der ersten Geschossdecke hindurchgehen. Das Haus stand zudem auf rostigen Eisenpfählen! Optische Instabilität gab es auch bei Häusern des Mittelalters, als man Obergeschosse größer baute (wegen der Steuern).

Auch wenn das obere Geschoss weit über das Untergeschoss hinausragt, gilt dies als ungünstig im Feng-Shui. Deshalb sollten Sie eine ausgeglichene Form bevorzugen, die mit Harmonie assoziiert wird und in der die Bewohner gut miteinander auskommen werden. Bei einem Haus sollten ferner keine einzelnen Teile schroff herausragen, weil dies ebenfalls Disharmonien erzeugen würde. Der Architekt mag sich verwirklicht haben, aber das Leben der Bewohner kann sehr unangenehm werden. Unerwartete Probleme und Unfälle stehen in Verbindung mit schroffen und überkragenden Teilen im Hausbau. Deshalb gilt: Verzichten Sie lieber auf auffällige Architektur, und wählen Sie nicht nur für sich, sondern auch für Ihre Nachbarn harmonische Strukturen im Hausbau.

Beleuchten wir nun die Form eingehender: Das Haus, in dem Sie wohnen, sollte möglichst einen rechteckigen oder quadratischen Grundriss haben. H- oder l-förmige Gebäude sind problematisch. Wenn Teile des Hauses voneinander abgeschnitten sind, ist dies ebenfalls ungünstig, denn die Bewohner könnten sich auseinanderleben. Dies geschieht erst recht dann, wenn die Eltern auf der einen und die Kinder auf der anderen Seite des Hauses wohnen. Dreiecke am Haus in Form von Fenstern oder Erkern sind ebenfalls zu vermeiden, denn sie erzeugen Streit und führen zu Lernschwierigkeiten der Kinder. Runde Räume hingegen lassen schroffe Energien gar nicht erst zu. Lange und schmale Strukturen, die sich nach oben hin erstrecken und schroff wirken, ziehen allerdings wieder destruktive Energien und Störeinflüsse an. Ein langer, schmaler Schornstein würde beispielsweise eine unharmonische Beziehung zur Natur implizieren und für die Bewohner bedeuten, dass sie das Gefühl hätten, immer gegen alles „ankämpfen“ zu müssen. Deshalb gilt als besonders harmonisch die rechteckige, quadratische oder runde Form. Genau wie bei der

Grundstücksform, sollten Sie zudem darauf achten, dass das Haus keine Fehlbereiche hat, die Sie mit der Drittelung herausfinden können.

Fehlbereiche

Nachdem Sie die Drittelung durchgeführt haben, können Sie feststellen, ob Ihr Haus Fehlbereiche hat. Von einem Fehlbereich spricht man, wenn eine Seite des Hauses mehr als ein Drittel der gesamten Seitenlänge ausmacht. Dieser Fehlbereich kann je nach Himmelsrichtung zu Störungen der Hausharmonie führen. Fehlbereiche können Sie wie folgt korrigieren: Im Garten können Sie sie durch eine Terrasse, einen Wintergarten, Gartenmöbel, Markisen oder Bepflanzungen ersetzen, um wieder Harmonie herzustellen. Ein anderes oder auch ein zusätzlich wirksames Mittel ist das Anbringen eines Lichtes an jeder Ecke des Fehlbereiches, oder Sie bringen im Außenbereich an beiden Seiten zum Fehlbereich zwei Achten an. Im Hausinneren helfen Spiegel, die an diejenige Wand kommen, die in Richtung Fehlbereich zeigt, und heilend und harmonisierend wirken.

Wer neu baut, sollte Fehlbereiche grundsätzlich vermeiden, bringt doch jeder dieser Fehlbereiche auch Probleme mit sich. So erzeugt beispielsweise der Fehlbereich im Westen fehlendes

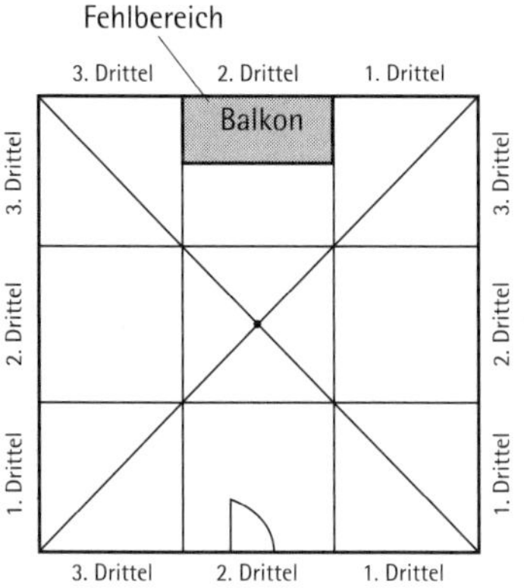

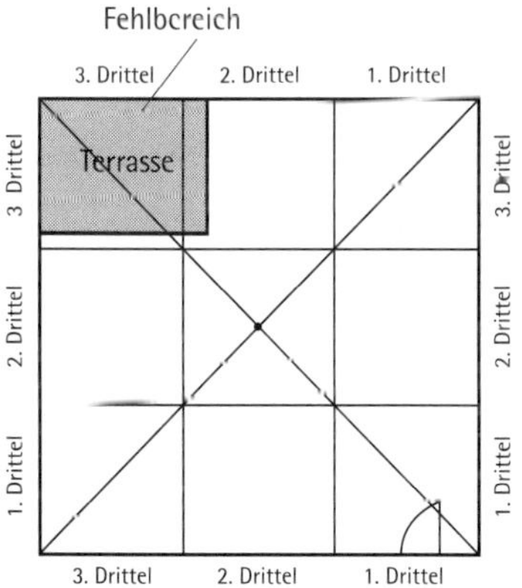

Die Terrasse nimmt mehr als ein Drittel ein, deshalb erzeugt sie einen »Fehlbereich«. Auch der Balkon, der sich innerhalb der Drittelung befindet, aber nicht zur Wohnfläche zählt, erzeugt einen »Fehlbereich«.

Zukunftsglück, und der Fehlbereich im Nordwesten verhindert die harmonischen Beziehungen zu den Mitmenschen. Fehlt der Norden, so können Probleme mit der Arbeit entstehen, und ein fehlender Nordwestbereich erzeugt einen Mangel an Wissen und Weisheit. Fehlt der Osten, so kann es gesundheitliche und familiäre Probleme geben, und fehlt der Südosten, so herrscht oft Geldmangel. Ein Fehlbereich im Süden erzeugt für die Bewohner einen Mangel an Anerkennung ihrer Leistungen, und ein fehlender Südwestbereich erzeugt oft Probleme in der Partnerschaft und führt häufig zu Trennungen.

Fragen Sie sich: Haben Sie schon die Drittelung über Ihren Grundrissplan vorgenommen? Welche Fehlbereiche haben Sie festgestellt? Konnten Sie eine Verbindung von Fehlbereichen und dem Mangel an Harmonie in den entsprechenden Bereichen Ihres Lebens feststellen?

Achten Sie darauf, dass ein Haus, das Sie bauen, keine Fehlbereiche aufweist. Nehmen Sie einen Feng-Shui-Meister zur Planung mit ins Boot! Ich selbst plane schon seit über 20 Jahren Häuser und habe auch Architekten, die bis zum Bauantrag alles für Sie vorbereiten. Aber auch wenn Sie schon einen Plan haben sollten, so lassen Sie ihn von fachlicher Seite hinsichtlich des Feng-Shuis nochmals überprüfen! Wenn Sie bereits am Bauen sind und nun diese Zeilen lesen, so ist es nie zu spät, noch Korrekturen einzubringen, aber tun Sie es, bevor das Schicksal der Fehlbereiche Ihr Leben völlig in ungewünschte Richtungen bringt. Wer von Ihnen ein Gebäude gemietet hat oder auch „nur" eine Wohnung mit Fehlbereichen bewohnt, sollte auch hier handeln. Vielleicht haben Sie schon das Buch *Feng-Shui auf 68m²* gelesen und es hat Sie beim Ausgleich möglicher Fehlbereiche weitergebracht. Wenn Sie allein nicht zurechtkommen, so wenden Sie sich an einen Meister seines Faches. Das Geld, das Sie für eine solche Beratung investieren, ist Geld, das sich doppelt und dreifach bezahlt macht und Ihr Leben bereichert!

Der Bereich vor und hinter dem Haus

Es gibt hier einige einfache Feng-Shui-Regeln, die Sie beachten sollten, um Glück und Harmonie ins Haus zu tragen. Dazu zählt, dass die Auffahrt des Nachbarn nicht direkt auf Ihre Haustür zugehen sollte, da dies zu Streitigkeiten führen könnte; die Bewohner fühlen sich quasi vom Nachbarn „angegriffen". Ihre eigene Auffahrt sollte idealerweise die Form eines Halbkreises haben, denn der Halbkreis erinnert an die Hälfte einer Münze und bringt Geld ins Haus. Natürlich ist auch jede lange, gewundene Auffahrt günstig oder auch ein Zufahrtsweg, der geschwungen verläuft. Da diese Form dem chinesischen Schriftzeichen „langes Leben" entspricht, ist dies ein gutes Omen. Einen geraden Weg von der Haustür auf die Straße hin sollten Sie allerdings tunlichst vermeiden, da dies in der Regel zu Geldverlusten führen würde.

Aber nicht nur eine Auffahrt, auch Laternen können Störeinflüsse sein, ganz abgesehen davon, dass sie eine Yang-Situation erzeugen und vor einem Schlafzimmerfenster die Ruhe und damit das

Yin stören. Speziell im Eingangsbereich des Hauses dürfen keine Laternen oder Bäume in direkter Linie zu Ihrer Haustür stehen, da sie Sha-Chi-Einflüsse und damit Störungen aussenden. Sie wirken wie Blockaden und sind dem Glück der Bewohner zweifelsohne nicht zuträglich. Nicht anders verhält es sich mit Bäumen, die mit ihren Ästen das Haus erreichen. Feuchtigkeit, Dunkelheit oder auch ganz einfach das Verstopfen der Dachrinnen sind mögliche Folgen. Aus Feng-Shui-Sicht bilden die Bäume Yin-Energie, und damit wird den Bewohnern viel aufbauende Energie entzogen. Auch das Wurzelwerk kann Schaden anrichten!

Achten Sie darauf, dass der Bereich hinter dem Haus, dies ist meist Ihr Garten, größer ist als der Vorgartenbereich am Eingang.

Bei der Einzäunung sollten Sie darauf achten, dass der Zaun keine Spitzen aufweist, denn durch Stacheldraht und Zaunspitzen wird das Chi geblockt, und für ein Leben in Harmonie, Gleichgewicht und Freude ist diese Art von Zaun nicht empfehlenswert.

Wer sich für Teiche, Pavillons oder auch Springbrunnen und Wasserfälle entschlossen hat, wird im Sinne eines guten Feng-Shuis deren Dominanz im Garten vermeiden, sondern darauf achten, dass sie im Einklang mit den restlichen Strukturen und Anordnungen sind. Ist dies bei Ihnen nicht der Fall, dann ziehen Sie einen Experten zurate, um das Gleichgewicht der Kräfte wiederherzustellen. Haben Sie sich für einen Whirlpool oder einen Pavillon auf der oberen Balkon- oder Terrassenebene entschieden, dann wählen Sie vorzugsweise eine runde Form.

Aufgepasst bei Verbindungswegen zwischen zwei Häusern oder auch Hausteilen: Wer sie durch einen überdachten Weg verbindet oder auch durch eine Brücke, wird mit Schwierigkeiten rechnen müssen. Nach alter Feng-Shui-Lehre sind solche Verbindungswege Symbole des Abschieds und der Trauer, und Trennungen jeder Art sind hier die Folge.

Der Grundriss, Decken und Fenster

Die Eingangstür und die Terrassentür sollten sich nicht in direkter Linie gegenüberstehen, sonst wird das eintretende Chi das Haus sehr schnell wieder verlassen.

Häuser mit Zwischenebenen gelten als ungünstig, ist doch das Leben darin ein ständiges Auf und Ab. Kann man sich zudem in einem Haus schier verlaufen und haben die Geschosse keine eindeutige Zuordnung, so wird es zu Konfusionen kommen. Für die Energie bedeutet dies, dass sie nicht weiß wohin, und ist die Energie nicht gelenkt, so stehen auch die Bewohner in einem ständigen Widerstreit mit sich selbst und haben im Leben einige Probleme.

Achten Sie beim Grundriss darauf, dass der Tür nicht in direkter Linie die Fenster und auch nicht die Toiletten gegenüberliegen.

Auch der Wintergarten ist oft ein heikles Thema. Er wird im besten Fall seitlich des Hauses zu einer Ost-Südost oder auch Westseite gebaut, denn auf der Rück- oder auch auf der Nordseite des Hauses sind Wintergärten nicht zu empfehlen.

Energetische Probleme können auch bei Fluren auftreten. Lange und schmale Korridore sind zu vermeiden, denn sie wirken drückend und führen zu Ruhelosigkeit.

Bögen, Kuppeln und flache Decken sind überhohen Decken vorzuziehen, da die nährende Energie im unteren Bereich verweilt und nach oben hin abnimmt, ganz zu schweigen davon, dass die Wärme nach oben steigt und Sie somit bei herkömmlichen Heizsystemen die Decke heizen!

Alle Räume, die Sie häufig benutzen, sollten Tageslicht haben - wobei bodentiefe Fenster nicht immer sinnvoll sind. Wenn man durch sie eine schöne Landschaft oder einen prachtvollen Garten sieht, ist alles in Ordnung, aber wenn durch die Fenster die Unschönheiten und Schroffheiten von außen eindringen, dann muss gut abgewogen werden, ob Panoramafenster sinnvoll sind.

Schauen Sie sich Ihren Grundriss an und die Decken-, Licht- und Fenstersituationen. Fragen Sie sich, was Sie selbst für einen guten Feng-Shui-Chi-Fluss tun können.

Eine bekannte Augenärztin hatte beispielsweise beide Kinderzimmer bis zum Dachgeschoss hin geöffnet und damit hohe Decken erzeugt. Erst nachdem sie eine Zwischendecke eingezogen hatte, konnten die Kinder wieder gut schlafen, wanderten sie doch vorher ständig in das Elternschlafzimmer!

Energetisch störende Umgebungseinflüsse

Wenn Sie einen Baum, eine Laterne oder auch eine Säule vor dem Eingang haben, so sind dies störende Faktoren, die Ihre Energie blockieren. Selbst Schattenmuster, die sich bei Sonnenschein wie ein Schwert oder wie Zacken über den Weg zum Haus legen, gelten als sehr ungünstig. Schatten, die von einem Spitzgiebeldach eines benachbarten Hauses auf sie fallen, sind bedenklich, wenn sie wie eine Messerspitze geformt sind, denn sie zerschneiden das Glück einer guten Nachbarschaft!

Wenn Sie in einer bergigen Gegend wohnen, so werden auch die Form und Struktur der Berge bewertet. Zerklüftete Felsen, kahle, schroffe Berge und auch felsige Steinwände stellen kein günstiges Feng-Shui dar. Von steilen Felswänden, Schluchten und weggesprengten Felswänden geht eine zerstörerische Energie aus. Schauen Sie sich auch nach „Gesichtern" in den Bergen um. Wenn diese „Fratzen" schneiden und diese Gesichter auf Ihr

Haus zeigen, so ist der Standort Ihres Hauses als ungünstig zu bewerten. Abhänge mit Geröll und Felseinschnitten, auf die Sie schauen oder die sich im Rücken Ihres Hauses befinden, sind ebenfalls als absolut bedenklich zu bezeichnen, können von ihnen doch Geröll, sintflutartige Wassermassen oder Lawinen herabkommen. Nahe an einem Berg zu wohnen, ist genauso erdrückend, wie hohe Häuser zu nah vor Ihrem Haus zu haben. Die Schatten, die von ihnen ausgehen, nehmen Ihnen zudem die Sonne und damit die aufbauende Energie des Yangs. Auch die Lage in einem engen Tal mit wenig Sonne stellt kein günstiges Feng-Shui dar. Wenn Ihr Haus an einem Hang steht, aber überwiegend in Wolken gehüllt sein sollte oder stürmischen Winden schutzlos ausgeliefert ist, dann gilt auch dieser Standort als ungünstig zum Leben, denn Ihr Glück wird dort schwinden. Ein Leben an einem Abhang, der abrupt abfällt und Ihnen keinen Schutz bietet, sollte auch nicht von Ihnen gewählt werden. Sollten Sie an einem solchen Platz wohnen, ziehen Sie um!

Eine Lage an einer Bahntrasse, Autobahn oder Schnellstraße trägt wohlwollendes Chi schnell weg, und sie werden es natürlich auch nicht leicht haben, Ruhe und Kraft zu schöpfen. Auch die Lage am Ende einer Sackgasse, wo alle Autos in direkter Linie auf Ihr Haus zufahren, ist bedenklich. Sie fühlen sich hier förmlich „angegriffen", und am Abend, wenn die Lichter der Autos auf das Gebäude fallen, ist dies besonders deutlich zu erkennen. Dasselbe gilt für Lagen an einer T-Kreuzung, die wenig Glück bringen. Ich habe dies einmal erlebt, als eine Reihenhaussiedlung mit dem Gesicht der Häuser zu einer Straße ausgerichtet war, die aus dem Ort wegführte. Die Trennungsrate der dort lebenden Paare war besonders hoch, bewegte sich der Strom von Menschen und Autos doch augenscheinlich vom Haus weg.

Lagen im Abflussgebiet eines Sees oder auch Lagen mit Blick auf Wasser, das sich vom Haus entfernt, sind als äußerst ungünstig zu bewerten.

Als besonders ungünstig zu bewerten sind darüber hinaus Lagen, die den Blick auf die Gezeiten von Wasser freigeben; insbesondere die schnell einsetzende Flut wird als besonders ungünstig angesehen. Wir wissen, welche Gefahren von einer einsetzenden Flut ausgehen können, hinzu kommt aber noch, dass der Blick auf den Ebbebereich suggeriert: Die Taschen sind leer! Und so wie die Gezeiten sind, ist auch die Gemütslage der Bewohner.

Wer an einem reißenden Fluss lebt, wo sich das Wasser über Geröllsteine hinwegbewegt, schäumt und Strudel bildet, lebt ebenfalls in einer ungünstigen Lage. Aber auch wenn Sie von Ihrem Schlafzimmer aus den Wasserfall im Garten sehen, sollten Sie dies überdenken, denn er stellt Yang-Energie dar und ist äußerst störend, bringt er Sie doch um Ihren nächtlichen Schlaf.

In jedem Fall gilt, dass Sie zu großen Gewässern wie Flüssen, Seen und dem Meer einen Mindestabstand von 300 Metern benötigen und darüber hinaus auch deutlich über dem Wasserspiegel leben sollten. Bedenken Sie, was allein über die Ufer tretende Gewässer für einen Schaden verursachen können!

Feng-Shui ist das Prinzip von Wind und Wasser. Deshalb gilt es, neben dem Wasser auch dem Wind die nötige Aufmerksamkeit zu schenken. Der Wind formt das Land und ist ein Träger von umherstreifender Energie, wenn er sich stürmisch statt sanft bewegt. Sie sollten keinesfalls in einer Gegend leben, wo es ständig windig ist. Dies wird dann der Fall sein, wenn das Land flach ist, baumlos und Stürme zum wiederholten Male die Ernten vernichten.

Weder eine Meeresklippe noch ein Abhang eignen sich zum Leben. Steile Uferböschungen oder Lagen auf einem zerklüfteten Felsen machen das Leben nicht leichter!

Auch die Aussicht auf eine Vegetation an einem Hang, die aussieht wie ein Geschwür, gilt als besonders ungünstig. Wenn das umgebende Land wilde Tiere beherbergt, die dem Leben der Bewohner abträglich sind, so ist diese Umgebung selbstredend ebenfalls zu meiden. Genauso verhält es sich in der Stadt, wenn in dem Viertel Gewalt- und Aggressionsbereitschaft herrschen.

Leere Gebäude gegenüber von Ihrem Haus sind keine günstigen Omen, implizieren sie doch, dass die Gegend nicht attraktiv genug ist. Es ist selbstverständlich auch nicht zu empfehlen, gegenüber von Militäranlagen, Schlachthäusern, Mülldeponien, Friedhöfen, der Polizei, der Feuerwehr oder dem Gefängnis zu wohnen. Abgesehen von dem schlechten Feng-Shui, das von ihnen ausgeht, wird auch der Wiederverkaufspreis des Hauses nicht Ihren Erwartungen entsprechen.

An einer Stromtrasse zu wohnen, birgt Gefahren für die Gesundheit. Die enorme Konzentration von elektrischer Energie wirkt belastend auf das Nervenkostüm.

Stellen Sie fest, in welcher Umgebung Sie wohnen und ob dort destruktive Energien herrschen. Ist dies der Fall, so benötigen Sie in jedem Fall eine Feng-Shui-Beratung, um die Harmonie in Ihrer Umgebung wiederherzustellen.

Aufbauende Umgebungseinflüsse

Grüne Umgebungen haben eine aufbauende Energie und stehen für Wachstum. Gerade Parkanlagen und Wälder, die nicht zu nah am Haus gelegen, aber vom Haus aus zu sehen sind, gelten als günstig. Ein Wald hinter dem Haus, der sich in nordwestlicher, nördlicher oder nordöstlicher Richtung befindet, gilt ebenfalls als günstiges Feng-Shui, weil er Schutz bietet und die „schwarze Schildkröte“ darstellt. Genauso stehen Kindertagesstätten und Spielplätze mit Parkcharakter für günstige Energien. Auch Plätze, an denen sich Geschäfte angesiedelt haben, schaffen zusammen mit einer schönen Begrünung, Parkbänken, Wasser und guter Beleuchtung am Abend günstige Voraussetzungen für ein gutes Feng-Shui.

Schotterstraßen leiten die Energie sanfter als gepflasterte Straßen. Jede betonierte Straßendecke erdrückt zudem die aufsteigende Erdenergie, und deshalb gilt es als äußerst günstig, wenn man Erde sieht und nicht nur große, betonierte Flächen. Straßenzüge, die gewunden verlaufen, sind in jedem Fall günstig, da sie das Chi langsamer verlaufen lassen und den schnellen Strom des Chis abbremsen. Grundsätzlich ist es von Nachteil, an der Außenkurve einer Straße zu wohnen, denn diese wirkt wie eine Sichel und würde mit der Außenkante schneidendes Sha-Chi in Richtung Ihres Hauses aussenden! Wohnen Sie daher am besten an der Innenkurve einer Straße, und gehen Sie von der Straße her bergauf zu Ihrem Haus und nicht bergab.

Haben Sie aufbauende, harmonische Faktoren in Ihrer Umgebung?

Der Eingang

Der Eingang ist der „Mund des Chis“, und ihm wird viel Bedeutung beigemessen, trägt man doch das Chi, die Energie von außen, die Yang-Energie in das Haus. Halten Sie den Eingang daher sauber sowie frei von herumliegenden Gegenständen, und sorgen Sie dafür, dass er abends gut beleuchtet ist.

Eine ungerade Treppenstufenanzahl ist nicht nur besser zum Laufen und beugt Unfallgefahren vor, sie ist auch ein sehr harmonischer Faktor.

Idealerweise liegt dem Eingang eine offene Fläche gegenüber, und es gibt keinerlei Blockaden, wie sie Bäume, Säulen oder auch zu dicht stehende Mauern bilden.

Abhängig davon, welches Ihre Ming-Kwa-Zahl ist, sollten Sie als Westmensch einen Eingang im Nordwesten, Westen, Nordosten oder Südwesten bevorzugen, um Ihr Glück zu mehren. Ostmenschen wird empfohlen, über einen Süd-, Ost-, Südost- oder Nordeingang in das Haus zu gelangen. Stellen Sie fest, welches Ihre Ming-Kwa-Zahl ist, und prüfen Sie, ob Sie zur West- oder zur

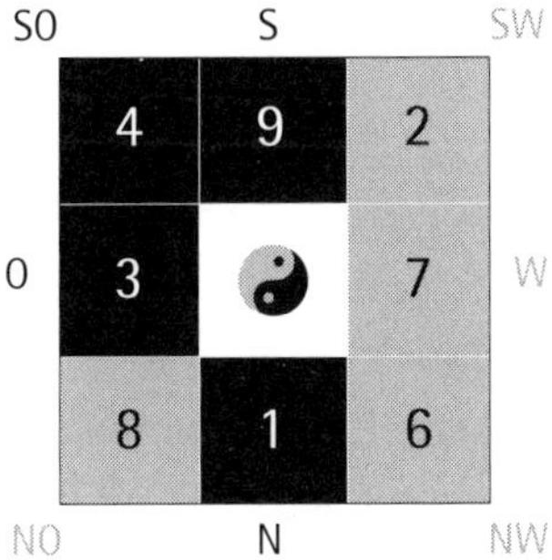

Übersicht der Zahlen der westlichen und östlichen Lebensgruppe

Ostgruppe gehören. Die Zahlen 1, 3, 4 und 9 gehören zur Ostgruppe, und die Zahlen 2, 6, 7 und 8 zur Westgruppe. Bedenken Sie in jedem Fall, wenn Sie in der Tabelle am Ende des Buches nachschauen, dass der Anfang des chinesischen Sonnenjahres, der für die Berechnung der Ming Kwa-Zahlen zurate gezogen wird, am 4. beziehungsweise 5. Februar beginnt. Sollten Sie vor diesem Datum geboren sein, so gehören Sie also noch zum Vorjahr!

Die Türen öffnen sich im Idealfall nach innen. (Nur bei öffentlichen Gebäuden ist dies in der

Regel aus Sicherheitsgründen anders.) Im besten Fall lassen sich die Türen auch weit genug öffnen, und der Flurbereich ist hell und weit. Spiegel können den Eingangsbereich zusätzlich vergrößern, aber achten Sie darauf, dass sich im Spiegel nur Schönes widerspiegelt.

Fragen Sie sich auch: Stimmt die Richtung der Tür mit Ihrer Ming-Kwa-Zahl überein? Wenn Sie mit dem Rücken zur Eingangstür stehen, so sollte Ihr Blick in eine Ihrer vier guten Richtungen schweifen. Lässt sich die Tür weit genug öffnen? Findet man den Eingang leicht? Funktioniert die Klingel? Ist das Namensschild leicht zu lesen? Geht die Tür leichtgängig und ohne zu quietschen auf und zu? Wie ist der Geruch im Eingangsbereich? Was sehen Sie zuerst, wenn Sie aus dem Haus treten?

Kapitel 3

Das Hausinnere

火土金水木

Das Wohnzimmer

Der Wohnraum sollte sich im südwestlichen Bereich des Hauses befinden, um in europäischen Gefilden das warme, nachmittägliche Licht der Sonne einzufangen.

Platzieren Sie die Sitzmöbel harmonisch und mit Blick zur Tür. Entscheidend ist, dass Sie einen Bereich des Wohnzimmers frei lassen, um beispielsweise einen Platz für die Kinder zum Toben oder für sich zum Tanzen zu haben. Idealerweise befindet sich hier ein großer Teppich, der für eine gute Erdung sorgt, Yin-Energie in den Raum bringt und damit Ruhe. Ein Teppich ist wie eine Insel und sorgt auch für gedämpfte Geräusche.

Sollten Sie zusätzlich einen Kamin im Wohnzimmer haben, so richten Sie den Blick der Sitzmöbel in Richtung Feuer. Idealerweise befindet sich der Kamin in Richtung der Hausmitte, dem Sektor der Erdenergie, und schon zu Urzeiten saß man um das Feuer, der Energiequelle allen Seins. Auch die Richtungen Osten, Südosten, Süden oder Südwesten sind harmonische Richtungen für einen Kamin. Auf der Nordseite, der Richtung der Wasserenergie, ist Feuer allerdings genauso ungünstig wie auf der Westseite, der Richtung des Elementes Metall; Disharmonien wären hier die Folge. Bedenken Sie: Auch für Feuerattrappen gelten dieselben Gesetzmäßigkeiten!

Kommen wir nun zu einem wesentlichen Harmoniefaktor: den Farben. Lassen Sie warme Farben im Wohnraum die Hauptrolle spielen. Wenn Sie die Farben nicht direkt an der Wand mögen, so können auch Bilder, Teppiche, Übergardinen oder Kissen und Polstermöbel „Farbe bekennen“. Wenn Sie Tapeten anbringen möchten, so sollten Sie in jedem Fall Papiertapeten verwenden und keinesfalls geschäumte Tapeten. Ich selbst bevorzuge Mineralputze, die gestrichen werden, und ich stimme die Farben exakt auf die Himmelsrichtungen und Bewohner ab. Dabei kommt es auch darauf an, ob die Farben glatt gestrichen, ob energetisierte Farben verwendet oder ob andere außergewöhnlich schöne und gesunde Farbkombinationen gewählt werden. Alles zusammen ist mit der richtigen Farbwahl für Stoffe und Bilder im Raum ein Feuerwerk an Kraft und Harmonie.

Bei Lampen ist es sehr wichtig, sie vor Ort auszuprobieren. Ich empfehle Ihnen generell eine Art „Dreieckssystem“ im Raum: Zwei Lampen auf einer Seite des Raumes liegen beispielsweise einer Lampe auf der anderen Seite gegenüber. Dieses System sollten Sie auch bei der Beleuchtung von Glasvitrinen oder Bildern und Bücherregalen beachten.

Kombinieren Sie daneben Steh- und Tischlampen, die ein warmes Licht und eine angenehme Stimmung erzeugen. Bürolampen im Wohn- und auch im Schlafzimmer, dort als Nachttischbeleuchtung, sollten Sie jedoch auf jeden Fall vermeiden.

Auch der Fernsehbereich bedarf einer Beleuchtung, um die Augen zu schonen; eine indirekte Beleuchtung wäre hier die beste Lösung. Der

Fernseher selbst sollte selbstredend nicht das Zentrum des Wohnbereiches bilden, sonst werden Sie gemeinsame Gespräche vermissen, und alles wird sich nur um das Fernsehprogramm drehen. Einige meiner Klienten haben aus diesem Grund ihren Fernseher im Schrank oder an einem Platz stehen, der von der Wohnzimmertür aus nicht direkt zu sehen ist.

Große Schränke sollten Sie an die Seite des Hauses stellen, die als die „Sitzseite“ des Gebäudes bezeichnet wird, oder im rechten Winkel dazu. (Die Sitzseite ist dort, wo sich kleine Fenster, Abstellräume, Toiletten, Treppenaufgänge und die Küche befinden. Die „Blickseite“ wird als die Seite des Hauses gesehen, auf der sich große Fenster, Balkone und Terrassen befinden.) Allein nur hohe Schränke im Raum zu haben, erzeugt noch keine Harmonie, sondern Schränke, die Yang-Energie erzeugen, benötigen als Gegenspieler niedrigere Möbel, wie Sideboards, um die Balance im Raum zu wahren.

Denken Sie in jedem Fall an Pflanzen im Raum. Am besten achten Sie darauf, dass sie großblättrig und nicht spitzblättrig sind wie die Yuccapalmen.

Vermeiden Sie Bonsai-Pflanzen im Bereich Südosten, da hier die Energie des Reichtums vorherrscht und die Bonsai-Pflanzen ein langsames Wachstum haben, das dem Geldwachstum entgegenwirken würde.

Es gibt zudem zahlreiche Pflanzen, die auch Schadstoffe aus dem Raum filtern, denn gerade im Wohnraum gibt es gefährlichste Gifte wie Formaldehyd, das sich in Spanplatten und beispielsweise in Isolierschaum findet. Benzol ist beispielsweise in Kunstfasern enthalten, und Trichlorethylen kommt unter anderem in Lacken und Klebern vor. Bogenhanf, Chrysanthemen, die Bergpalme, Efeu, die Efeutute, Grünlilie und Gerbera sind mögliche Pflanzen, um Giftstoffe aufzunehmen. Lesen Sie hierzu auch gern das Buch *Feng-Shui und Gesundheit*, um mehr über die Belastungen der Räume und ihre möglichen Auswirkungen auf die Gesundheit zu erfahren.

Pflanzen können darüber hinaus auch für Wohlgerüche sorgen, zum Beispiel sind es im

Frühling die Hyazinthen und Narzissen, wenn Sie diesen Duft mögen. Sie lassen sich in Gläsern dekorativ arrangieren. Auch Alpenveilchen, Gardenien oder Rosen sorgen für einen dezenten Duft. Darüber hinaus habe ich einige Duftkombinationen entwickelt, die auf der Basis von Pampelmuse, Lemongras oder beispielsweise auch Vanille beruhen und aus reinen ätherischen Ölen bestehen. Wussten Sie, dass leichte Zimtdüfte hervorragend geeignet sind, um ein Gefühl der Geborgenheit zu erzeugen? Oder dass der Duft von Orangen antidepressiv wirkt?

Mehr hierzu erfahren Sie im Buch *Beauty-Feng-Shui*.

Eine bessere Luft bekommen Sie zum einen durch großblättrige Pflanzen und zum anderen auch durch Zimmerbrunnen. Platzieren Sie die Brunnen in den Himmelsrichtungen Norden, Osten oder Südosten, um den größtmöglichen Effekt zu erzielen und das Element Wasser harmonisch mit den anderen Elementen des Raumes zu verbinden. Wenn aber Wasser speziell für Ihren Reichtum tätig sein soll, so benötigen Sie hierfür die Berechnungen der „Fliegenden Sterne"; solche Karten erstellt Ihnen gern Ihr Feng-Shui-Meister.

Idealerweise befindet sich der Familienplatz mit Bildern aller Familienmitglieder im Osten Ihres Wohnzimmers. Sie finden solch einen Platz unnötig? Dann stellen Sie sich vor, dass Sie Ihr Haus für eine Weile Fremden überlassen. Wo könnten diese dann die Familie sehen? Wie würden sie einen Bezug zum Haus und zu den Bewohnern erhalten? Meine Familie nutzt diesen Platz auch für das Aufstellen einer Kerze, wenn es einem Familienmitglied nicht gut gehen sollte, und wir tauschen die Bilder regelmäßig aus, um aktuelle Fotos dort zu haben. Denn eines sollten Sie auf alle Fälle berücksichtigen: zeitlich aktuelle Fotos!

Genau hierin unterscheidet sich ein gutes Feng-Shui von einem schlechten: Die Zeit wandelt sich, und so muss auch der Wohnbereich die Jahreszeiten widerspiegeln. Wechseln Sie daher Accessoires aus, und verstauen Sie beispielsweise die nicht mehr gebrauchten Dekorationen für das Weihnachtsfest oder für Ostern in einem Schrank im Keller.

Wenn Sie einen Feng-Shui-Meister zurate ziehen, so wird dieser Ihnen auch ein jährliches Update für Ihre Räume unterbreiten. Denn jährlich wechselnde Einflüsse können Ihnen selbst bei einem guten Grund-Feng-Shui sehr wohl zu schaffen machen. Im Feng-Shui gibt es einen jährlich „Fliegenden Stern - Chi 5“, und wo dieser an einer Eingangs- oder Terrassentür oder an einem Garagentor auftaucht, kann es zu Problemen kommen wie plötzlich auftretende Krankheiten oder sogar Unfallgefahren. Dieser Stern muss individuell berechnet und dann mit geeigneten Maßnahmen ausgeglichen werden. In den meisten Fällen wird ein 7-röhriges Klangspiel aufgehängt, doch welche Maßnahmen bei Ihnen zum Tragen kommen, lassen Sie sich am besten persönlich und vor Ort erklären, denn Vorbeugen ist besser als Heilen!

Fragen Sie sich abschließend noch einmal: Weist Ihr Wohnbereich gute Lichtverhältnisse auf? Haben Sie ein Dreieckssystem mit den Tisch-

und Wandleuchten erreicht? Stehen die Sitzmöbel mit dem Blick zur Tür und die großen, hohen Möbel an der Rückseite des Raumes, an der Wandseite, die den großen Fensterbereichen gegenüberliegt, oder auch seitlich davon? Riecht das Wohnzimmer frisch, und ist die Luft gut angefeuchtet oder zu trocken? Haben Sie einen Wasserbrunnen zur Luftbefeuchtung im Raum? Hat der eventuell vorhandene Kamin einen Spiegel über der Kaminöffnung? Haben Sie die Familie mit Bildern im Wohnzimmer repräsentiert? Ist eine Wand im Raum frei von Dekorationen? Gibt es einen freien Platz zum Tanzen oder generell zum Bewegen im Raum?

Die Küche

Die besten Himmelsrichtungen für die Küche sind der Osten und Südosten - die Bereiche, wo die Morgensonne aufgeht und die Hitze der Sonne die Speisen nicht verdirbt. Kräuter wie Majoran, Thymian oder Rosmarin können neben Estragon oder auch Minze das Chi Ihrer Küche anfüllen. Zusätzlich empfehle ich Ihnen, an der Küchenrückseite (die meisten haben hier den Fliesenspiegel) auch Kräuterbilder aufzuhängen; am besten kommen sie zur Geltung vor einer gestrichenen oder mit einer Glasplatte verkleideten Rückwand. Überhaupt ist nach meiner Beobachtung der Fliesenspiegel nicht mehr up to date. In meiner eigenen Küche, die in Vanillegelb gehalten ist und das Element Erde repräsentiert, habe ich es so gehalten, dass statt eines Fliesenspiegels eine Glasplatte angebracht ist, hinter der die Wand orangefarben gestrichen ist. Diese Farbe betont wieder das Erdelement, und so ist die ganze Küche, trotz der spiegelnden Oberflächen, in einem harmonischen Gleichgewicht. Das Vanillegelb und das Orange als Repräsentanten des Erdelementes ergänzen zudem harmonisch das Element Feuer, das generell in der Küche vorherrscht. Im Übrigen sind immer mehr Küchenfronten hochglänzend und aus Metall gefertigt sowie in den Farben Weiß, Grau oder Blau gehalten. Damit ist in einem „Feuerbereich", zu dem die Küche hauptsächlich gehört, ein Zuviel an Metall- oder auch Wasserenergie gegeben, was zu Disharmonien führt. Das Element Wasser ist im Zyklus der Elemente der „Kontrolleur" des Feuers: Wasser zügelt das Feuer, es wird erlöschen.

Die Spüle oder Spülmaschine, aber auch ein Kühlschrank in der Küche werden ebenfalls dem Element Wasser zugeordnet und sind im Gesamtverhältnis der Elemente in der Küche keine Störfaktoren. Kommen aber zusätzlich noch die vorgenannten Farben und Materialien hinzu, dann entstehen Disharmonien wie beispielsweise ein hohes Streitpotenzial. Deshalb sollten Sie Blau, hartes Weiß, spiegelnde Oberflächen und ein Zuviel an Metalloberflächen in der Küche vermeiden. Gerade das Element Metall unterstützt im Zyklus der Elemente das Wasser, das dann noch mehr Energie erhält und das Feuer noch schneller „löscht".

Daneben ist die Stellung des Herdes in der Küche von großer Bedeutung. Er sollte so stehen, dass Sie, wenn Sie beim Kochen sind, nicht die Tür im Rücken haben und nicht zu nah am Fenster stehen. Oft gibt es einen Spiegel oder wie schon erwähnt die Glasplatte hinter dem Herd, um zu sehen, was sich im Rücken des Kochenden abspielt, damit Sie nicht erschrecken, wenn sich jemand von hinten „anschleicht". Denn fehlt die „Schildkröte" (ein Schutzpanzer) im Rücken, so hilft der Spiegel zumindest zu sehen, was sich hinter Ihnen abspielt. Wer weder einen Spiegel noch eine Glasplatte anbringen möchte, kann auch ein silberglänzendes Tablett nehmen. Früher gab es dafür noch einen Grund: Die Herdplatten hatten in der Regel vier Kochfelder, und mit der spiegelnden Platte wurden es acht! Acht ist die Glückszahl im Feng-Shui und bedeutete, dass man mehr Töpfe und Speisen im Spiegel sah - und wer viel zu essen hatte, war auch als wohlhabend zu bezeichnen!

Der Herd sollte zudem einen Mindestabstand von 60 Zentimetern zur Spüle haben. Letzteres ist deshalb notwendig, weil die Feuerenergie des Ofens und die Wasserenergie der Spüle oder des Kühlschrankes sich nicht vertragen.

Feng-Shui-Meister werden darüber hinaus natürlich eine genaue Analyse der Herdstellung vornehmen, sollte sie doch auf das Geburtsdatum des Hauptverdieners abgestimmt sein, wozu in erster Linie die Ming-Kwa-Zahl herangezogen wird. „Westliche Menschen" sollten den Herd in einer ihrer günstigen nordöstlichen oder südwestlichen Richtungen stehen haben, und „Ost-Menschen" sollten ihn auf der Südost- oder Südseite des Raumes aufstellen. In den guten Richtungen liegt dann das Bedienfeld des Herdes, dort befindet sich die Herdöffnung oder dort wird der elektrische Wok mit dem Stecker in die betreffende Wandseite eingesteckt. Auf diese Weise kommt auch der Strom aus der richtigen Richtung! Steht der Herd ideal, so werden auch die Geschäfte gut laufen, und für Ihren Wohlstand wird so gesorgt sein.

Ein Feng-Shui-Meister wird die sogenannten „acht Omen“ oder auch „Vorzeichen“ beachten, um bei einem Neu- oder Umbau die Küche in einen günstigen Bereich des Hauses zu legen. Das ist so zu verstehen, dass es in jedem Haus vier Richtungen mit positiven Auswirkungen gibt und ebenso vier negative Richtungen, die sogenannten Minusbereiche. Liegt der Eingang des Hauses im Norden, Süden, Osten oder Südosten, so sind die Minusbereiche im Westen, Südwesten, Nordwesten und Nordosten. Ein Haus, welches seinen Eingang im Westen, Nordwesten, Nordosten oder Südwesten hat, wird die Negativbereiche im Osten, Südosten, Norden und Süden haben.

Sollte Ihre Küche in keinem positiven Vorzeichenbereich der Omen stehen, so sollte als nächste Maßnahme zumindest der Herd wieder in der für Sie besten Richtung stehen. Wenn Sie zu zweit sind, so richtet sich die Herdstellung nach dem Hauptverdiener. Bedenken Sie in jedem Fall, dass nach alter chinesischer Vorstellung die Herdstellung im Nordwesten der Küche unerwünscht ist, da das Element Feuer hier mit dem

Element Metall des Nordwestens in Konflikt geraten würde.

Dieselben Konflikte entstehen auch, wenn Sie nicht mindestens 60 Zentimeter Platz zwischen Herd und Spüle oder dem Kühlschrank lassen. Sollten Sie dies nicht vermeiden können, so können als Trennung zwischen beiden Elementen zwei Folien helfen, die jeweils mit ihrer spiegelnden Seite zu den konkurrierenden Elementen zeigen. Da die Elemente auch den Organen zugeordnet werden und das Feuer mit der Herzenergie in Verbindung steht, geht man davon aus, dass es auch zu Herzattacken kommen kann, wenn diese Konfliktsituation heraufbeschworen wird. Auch die Stellung des Herdes direkt neben der Küchen- oder Terrassentür ist bedenklich. In einer meiner Beratungen sprach ich den neuen Besitzer darauf an, ob der vorherige Bewohner an Herzproblemen gelitten hätte, da sein Herd die ungünstige Stellung direkt neben der Tür aufwies. Mein Klient war ganz verwundert, wie ich denn auf diese Frage gekommen sei, und bejahte ungläubig, der Vorbesitzer habe in der Tat Probleme mit dem Herzen gehabt und deshalb das Haus verkauft. Ich möchte nicht behaupten, dass dies der einzige Grund für Herzprobleme ist, aber es ist ein Aspekt, der dazu führen kann - und vielleicht das entscheidende Tröpfchen, das das Fass zum Überlaufen bringen kann.

Widmen wir uns nun der Frage, ob eine Küche eher offen oder geschlossen sein sollte. Das hängt davon ab, wie Sie die Küche nutzen möchten und was für ein Mensch Sie sind, wie groß Ihre Ordnungsliebe ist und wie Ihre Kochvorlieben sind. Im Allgemeinen gilt: Menschen, die offen und kommunikativ sind, lieben in der Regel offene Küchen, in denen sie mit ihren Gästen im Wohnbereich kommunizieren können, während sie kochen.

Das Esszimmer

Das Esszimmer liegt idealerweise in den Richtungen Osten oder Südosten, nahe an der Küche und das Tageslicht kommt aus zwei Richtungen. Liegt das Esszimmer aber beispielsweise im Süden, so benötigt es auch Einflüsse aus östlicher oder westlicher Richtung, um anregendes Chi zu erhalten. Dies hat auch etwas mit dem Energiefluss zu tun. Stellen Sie sich zudem vor, dass Sie die Speisen erst lange Wege transportieren müssten - das wäre sehr lästig für Sie, einmal davon abgesehen, dass die Speisen auch leichter erkalten könnten.

Spiegel sind im Esszimmer beliebt, da sie die Speisen verdoppeln. Eine unter Bulimie leidende junge Frau hat ihr Problem im Übrigen nachhaltig lösen können, indem Sie einen großen Spiegel im Esszimmer anbringen ließ!

Die Chinesen stellen gern ihre Götter Luk, Fuk und Sau im Esszimmer auf, da sie für Gesundheit, Langlebigkeit und Reichtum zuständig sind. Nach alter Vorstellung sorgen die Götter dafür, dass die Familie immer genug zu essen hat.

Sollte der Blick in einen Garten oder kleinen Innenhof fallen, dann zieht dies das Glück an – erst recht, wenn Zitronen- oder Orangenbäumchen sowie Kräuter in Sichtweite des Essplatzes stehen.

Stellen Sie grundsätzlich Blumen und Obst, die Gaben der Natur, auf den Tisch, die frische, wohltuende Energien schenken. Zudem ist ein runder Esstisch beliebter als ein rechteckiger oder quadratischer. Das liegt daran, dass die runde Form dem Element Metall und dem Himmel zugeordnet ist, und dies bedeutet Gold und Geld für die Familie.

Auch Bilder im Esszimmer, die Obst und Gemüse zeigen, verdoppeln den Reichtum des Essens. Sollten Sie keine schöne Aussicht haben, dann kann ein Öl- oder Acrylbild die fehlende Aussicht in das Esszimmer bringen.

Wer „richtig“ sitzt, wird sich kaum streiten ... Die Sitzordnung am Tisch wird im Feng-Shui nach folgenden Kriterien gewählt: Wer mit dem Blick zur Tür und dem Rücken zur Wand sitzt, hat die „Chefposition” inne. Sollte sich hier immer die Schwiegermutter oder auch das Kleinkind positioniert haben, so werden die Eltern nicht viel zu sagen haben. Sollten Sie zu zweit sein, so wählen Sie nicht die Plätze, die sich gegenüberliegen, sondern setzen Sie sich über Eck, wenn Sie keinen runden Tisch haben.

Sehen Sie hier die besten Sitzrichtungen für die einzelnen Familienmitglieder:

- Die Hausfrau sitzt im Südwesten,
- der Vater im Nordwesten,
- der mittlere Sohn im Norden,
- der jüngste Sohn im Nordosten,
- der älteste Sohn im Osten,
- die älteste Tochter im Südosten,
- die mittlere Tochter im Süden,
- die jüngste Tochter im Westen.

Darüber hinaus sollten Sie für Ihr Esszimmer beachten, dass Sie über dem Tisch eine nichtblendende Leuchte haben, auch wenn aus chinesischer Sicht ein Kronleuchter durchaus passend ist, da er das Element Erde darstellt. Das Essen selbst wird ebenfalls dem Erdelement zugeordnet, sodass beide Kräfte direkt zusammenwirken und harmonieren. Hierzulande wähle ich - wenn überhaupt - dimmbare Kronleuchter und solche, die auch Stoffschirme aufweisen. In jedem Fall sollten Sie zu schon vorhandenen Messingbeschlägen an Türen oder Gardinenstangen keine Lampe aus Chrom wählen, denn dann würden die warmen Energien des goldgelben Metalls mit den harten Energien des Chromes zusammentreffen - und schon wieder hätten wir es mit Disharmonien zu tun. Mein Rat: Achten Sie auf eine direkte Beleuchtung Ihres Esstisches von oben, was sehr gut mit Halogenlampen zu erzielen ist.

Das Schlafzimmer

Was die wenigsten wissen: Das Schlafzimmer ist, speziell für alle Geschäftsleute, gleich neben dem Eingang der wichtigste Raum im Haus, hier entscheidet sich Ihre Zukunft - und daher sollten Sie bei der Gestaltung Ihres Schlafzimmers Feng-Shui-Regeln zurate ziehen. Viele Menschen leiden zudem an Schlaflosigkeit und nehmen Tabletten ein, die das Grundproblem nicht lösen, doch Feng-Shui bietet auch hier verschiedene Methoden, um das Übel an der Wurzel zu packen und für einen guten und gesunden Schlaf zu sorgen.

Im Allgemeinen sind Elternschlafzimmer im Osten eines Hauses sehr günstig und Kinderzimmer im Westen. Allerdings sind diese Überlegungen immer mit der jeweiligen Person abzugleichen, insbesondere die Ming-Kwa-Zahl gibt zudem die Kraftrichtungen an, aus denen man seine besten Energien bezieht. Ersehen Sie daher in der Ming-Kwa-Zahlen-Tabelle zunächst Ihre persönliche Zahl, und unterscheiden Sie zwei Gruppen: die westliche Lebensgruppe und die östliche. Die Zahlen 1, 3, 4 und 9 haben als günstigste Richtungen den Osten, Südosten, Süden und Norden, und die Zahlen 2, 6, 7 und 8 sind im Westen, Südwesten, Nordosten und Nordwesten zu Hause. Idealerweise liegen Ihr Schlafzimmer und auch Ihr Kopf in einer Ihrer günstigen Richtungen.

Landestypische Gepflogenheiten sind daneben ebenfalls zu beachten. So sperrten sich bei einer Beratung in Griechenland die alten Menschen vehement gegen die Lage des Kopfes nach Westen - und dies, obwohl sie „Westmenschen" waren. Der Grund: Für sie stand die Richtung Westen, in der die Sonne untergeht, mit dem Ableben und dem Tod in Verbindung!

In jedem Fall sollten Sie Ihre Kraft aus einer der Richtungen beziehen, die Ihre Ming-Kwa-Zahl angibt. Ersehen Sie sie daher in der Ming-Kwa-Tabelle im Anhang.

Es ist entscheidend, dass Sie keinem Elektrosmog ausgesetzt sind, nicht auf Störzonen schlafen oder sonstigen Störungen (wie durch Mobilfunkantennen verursachte Störfelder) ausgesetzt sind.

Vermeiden Sie Spiegel im Schlafzimmer, da sie vielfältige Probleme heraufbeschwören können. Sie können nicht nur Störzonen noch aggressiver machen, sondern auch die Seele während des Schlafens nicht zur Ruhe kommen lassen.

Vermeiden Sie es, unter zu niedrigen und sichtbaren Balken zu schlafen, da sie gesundheitliche und partnerschaftliche Probleme hervorrufen können. Verläuft beispielsweise ein Balken zwischen dem Paar, trennt er dieses. Läuft der Balken (oder auch mehrere) quer zu den Schlafenden, so können gesundheitliche Probleme in den Bereichen auftreten, die unter dem Balken liegen. Insbesondere tragende Balken sind ein Problem.

Schlafen Sie nicht mit den Füßen in direkter Linie zur Tür, da früher nur Tote mit den Füßen zuerst aus dem Zimmer getragen wurden! Die energetische Situation ist fatal, genauso wie direkt in einer Linie zwischen Tür und Fenster zu schlafen. Dies kann in schlauchartigen Räumen durchaus passieren, und wer das Kopfende des Bettes direkt unter dem Fenster hat, wird den Windzug durch die Fenster auch bei bester Isolierung spüren. Da hilft nur eine Umstellung des Bettes oder das Zuziehen von Vorhängen beziehungsweise das Herunterlassen der Rollläden.

Neben der Bettstellung ist auch der Grundriss des Schlafzimmers wichtig für Ihr Glück. Vermeiden Sie l-förmige Grundrisse für Ihr Schlafzimmer - und wenn Sie diese haben, so sollten Sie einen Feng-Shui-Meister zurate ziehen, um das Problem zu korrigieren.

Achten Sie auf Erdstörzonen. Holen Sie sich einen Rutengänger Ihres Vertrauens, und lassen Sie die Bettposition prüfen. Ich selbst untersuche die Bewohner ebenfalls auf mögliche Beeinflussungen von Störzonen. Hierzu liegen sie auf dem Bett, und ich teste sie an Ort und Stelle mit dem kinesiologischen Test auf Störzonen.

Die Luft sollte frisch sein und kühler als in anderen Räumen, und die ersten Sonnenstrahlen fallen idealerweise nicht auf Ihr Gesicht.

Über Ihnen sollten sich keine Neonröhren befinden, und eine Lampe über Ihrem Bett sollte keine nach unten gerichteten Spitzen aufweisen, welche Sie im Schlaf stören könnten. Auch Verlängerungskabel sollten keinesfalls hinter den Schlafenden am Kopfende verlaufen oder auch nicht quer unter dem Bett. Schlafen Sie auch nie unter einem Regalvorsprung.

Achten Sie auf Naturmaterialien im Schlafzimmer. Der Boden könnte ein Holzboden sein oder ein Schafschurwollteppich, die Übergardinen sind günstigstenfalls aus Seide, Leinen oder Baumwolle.

Die Bettwäsche folgt den gleichen Empfehlungen, und deren Muster sind einfach gehalten und nicht wild und zerstörerisch, denn wenn Ruhe einkehren soll, dann ist die Bettwäsche einfarbig oder sich gemustert. In der Feng-Shui-Beratung wird anhand Ihres Geburtsdatums auch darauf eingegangen, welche Elemente speziell Sie benötigen und welche Farben, Formen und Muster für Sie unterstützend wirken. Generell kann man sagen: Wenn Sie ein hektischer Mensch sind, so sind Rottöne zu vermeiden und Grüntöne zu bevorzugen. Wenn man Erdung benötigt oder zur Traurigkeit neigt, dann empfehle ich antidepressives Orange oder Apricot, um auf der seelischen Ebene zu helfen.

Haben Sie direkt am Schlafzimmer ein Badezimmer, so darf sich die Toilette nicht am Kopfende befinden. Denken Sie allein schon daran, dass das Toilettenrohr einen entsprechend großen Durchmesser hat - und an die Spülung, die laute Geräusche verursacht. Ganz abgesehen davon, dass die Geräusche eines auf der Toilette sitzenden Bewohners direkt zu belauschen wären.

Wenn Sie zu zweit im Schlafzimmer sind, werden unterschiedliche Elemente, unterschiedliche Ming-Kwa-Zahlen und Charaktere aufeinandertreffen. Um hier eine maximale Unterstützung Ihrer Gesundheit zu erreichen und das partnerschaftliche Miteinander in Einklang zu bringen, bedarf es eines Feng-Shui-Meisters.

Das Kinderzimmer

Kinder benötigen ein klares Umfeld und keine zu großen Räume. Daneben sollten Kinderzimmer eine aktive Zone (Yang) haben, die sich zum Spielen, Ausbreiten und Lernen eignet (je nach Alter des Kindes), und eine Ruhezone (Yin) zum Schlafen und Ausruhen. Eine Trennung der Bereiche kann durch Regale, Vorhänge oder Paravents erreicht werden, aber auch durch runde und andersfarbige Moskitonetze.

Das Wichtigste bei der Einrichtung ist in jedem Fall die Ausrichtung des Bettes nach der Ming-Kwa-Zahl. Die Zahlen 1, 3, 4 und 9 schlafen mit dem Kopf nach Norden, Osten, Südosten oder Süden, und die Zahlen 2, 6, 7 und 8 schlafen nach Westen, Südwesten, Nordwesten und Nordosten. Achten Sie auch darauf, dass das Kind in einer seiner Ming-Kwa-Zahl entsprechenden Himmelsrichtung liegt. (Dazu teilen Sie den Grundriss in acht „Tortenstücke" entsprechend der Himmelsrichtungen auf und ermitteln so die einzelnen Bereiche.)

Achten Sie in jedem Fall darauf, dass das Bett geschützt steht und der Blick nach Möglichkeit zur Tür geht. Zudem sollte das Bett mit dem Kopfteil an einer festen Wand stehen, und die Füße des Schlafenden sollten nicht in direkter Linie zur Tür weisen. Sollten die Räume zu hoch sein, schützen Betthimmelchen. Bei einer meiner Beratungen habe ich von den Eltern gehört, dass ihr Kind nachts oft neben dem Bett, beim Kleiderschrank oder auf dem Boden liegend anzutreffen war. Das Problem war, dass das Bett unter einem offenen Dachgiebel stand, der schwindelerregend hoch war. Der Bereich am Kleiderschrank aber war, bedingt durch eine Dachschräge, ein geschützter Bereich, und dort zog es das Kind hin.

Kinder können bis zum Eintritt in die Schule Bordüren an den Wänden haben, die horizontal verlaufen (bitte keine Dreiecke oder andere Spitzen). Dies bringt Ihnen Ruhe und Geborgenheit. Mit dem Schuleintritt „drücken" diese Borten allerdings zu sehr und würden die Entwicklung des Kindes behindern, deshalb empfiehlt es sich, sie dann zu entfernen.

Positionieren Sie den Schreibtisch ab dem Schulalter so, dass das Kind eine Wand im Rücken hat, das Licht von links kommt und das Kind in eine für es günstige Richtung schaut sowie die Tür im Blick hat. So bekommt das Kind ein Gefühl von Sicherheit während seiner Schularbeiten. Sieht es dagegen nur aus dem Fenster, so kann es zu sehr abgelenkt werden und träumen, statt sich auf seine Arbeit zu konzentrieren.

Für die Farbwahl benötigen Sie einen Feng-Shui-Berater, der die Farben auf den Raum und das Horoskop des Kindes abstimmt. Im Allgemeinen sind Grüntöne förderlich für das Lernen, Rosé unterstützt die emotionale Seite des Kindes, weil es eine Herzfarbe ist, und helles Blau gibt dem Kind ein Gefühl von Weite, schafft aber auch Kühle. Vermeiden Sie aber gerade ein Zuviel an Rot im Kinderzimmer. Ein kleiner Akzent wirkt anregend und aufmunternd, und Rot kann ein antriebsarmes Kind anregen, aber eben auch Aggressionen schüren.

Zu viele Farben und Formenmixe vermeiden Sie am besten, damit das Kind nicht überfordert wird. Hier ein Tigermuster, dort ein Spielteppich, da eine Dschungelborte und ein Automuster auf der Bettwäsche sind eindeutig zu viel, und das Kind wird hypernervös.

Vermeiden Sie zudem spitze Ecken und Kanten, die auf das Bett oder den Schreibtisch zeigen, da sie Sha-Energien aussenden.

Der nächste Schritt heißt: aufräumen! Nicht nur die Eltern für die Kinder, sondern die Kinder selbst sollten lernen, Ordnung zu schaffen, da sie im Kinderzimmer die Klarheit des Kindes unterstützt und zu einer inneren Balance beiträgt. Chaotische Zimmer sind chaotische Leben! Zudem muss das Kind lernen, am Ende des Tages wieder aufzuräumen, um in der Nacht nicht im Durcheinander zu schlafen und damit den Schlaf indirekt zu stören. Denn alles, was uns umgibt, wirkt auch im Schlaf auf uns ein. Sorgen Sie für geschlossene Schränke und Kisten, in denen Spielzeug verstaut werden kann, und misten Sie regelmäßig altes, nicht mehr benötigtes Spielzeug und alte Kleidungsstücke aus. Eines sollten Sie natürlich beachten: Tun Sie nichts gegen den Willen des Kindes, weil es selbst spürt, was ihm guttut! Ich selbst beziehe die Kinder bei der Beratung immer mit ein, bespreche mit ihnen die neue Situation und teste sie kinesiologisch.

Fragen Sie sich abschließend noch einmal:

- Ist das Kinderzimmer auf das Geburtsdatum des Kindes abgestimmt?
- Liegt es in seiner besten Himmelsrichtung?
- Hat das Kind die richtigen Farbkombinationen um sich?
- Haben Sie reduziert und aufgeräumt? Kann Ihr Kind nachts durchschlafen?

Das Bad

Bäder gehören zum Element Wasser. Diesem darf innerhalb des Hauses kein zu großer Anteil zukommen. Mein Feng-Shui-Meister hat mich immer eindringlich davor gewarnt, ein Zuviel an Wasserenergie, also ein übermäßig großes Badezimmer, zu planen. Der Grund dafür ist ganz einfach: Die Räume gehören zum Element Erde und sollten trocken sein. Die dampfende Wasserenergie aber durchfeuchtet nicht nur die Erde, sie kann im Übermaß auch dazu führen, dass sich Schimmel bildet. Heute haben wir natürlich gute technische Möglichkeiten, um diese Probleme zu lösen, andererseits nimmt die Zahl derer, die wegen Schimmelsporen-Belastungen erkranken, stetig zu.

Halten Sie die Badezimmertür auf jeden Fall geschlossen, damit die Luft und damit auch das Chi des Bades sich nicht mit dem Sheng-Chi der anderen Räumen vermischen. An die Tür wird innen und außen in Augenhöhe ein Baguaspiegel angebracht. Auch dies dient der Chi-Lenkung, doch wenn die Tür immer offen steht, sind diese Effekte schnell dahin, und die Sha-Chi-Energie kann Einzug halten und damit Gesundheit in Krankheit verwandeln.

Am besten befinden sich die Bäder auf der „Sitzseite" des Hauses und in den Himmelsrichtungen Norden, Nordwesten, Westen oder Ost-Südosten, die den Elementen Wasser, Holz oder Metall entsprechen. Die Farben Blau und Weiß stehen dann im Vordergrund. Befindet sich das Bad im Osten, so sind auch Holz- und Grüntöne angebracht. Wer allerdings ein Morgenmuffel ist und dem Erdelement angehört, wird es schätzen, sein Bad in Gelb-, Orange- und sogar Rottönen zu halten. Achtung, hier kommt ein ultimativer Farbtipp für Morgenmuffel: Orange oder Apricot bringen Sie in Schwung!

Wenn Sie Ihren persönlichen Feng-Shui-Master zurate ziehen, wird dies in dem Fall das Beste sein, denn nicht nur die Himmelsrichtung, in der das Bad liegt, entscheidet mit, welche Farben benutzt werden, sondern auch der Mensch und die Konstellationen der „Fliegenden Sterne", die

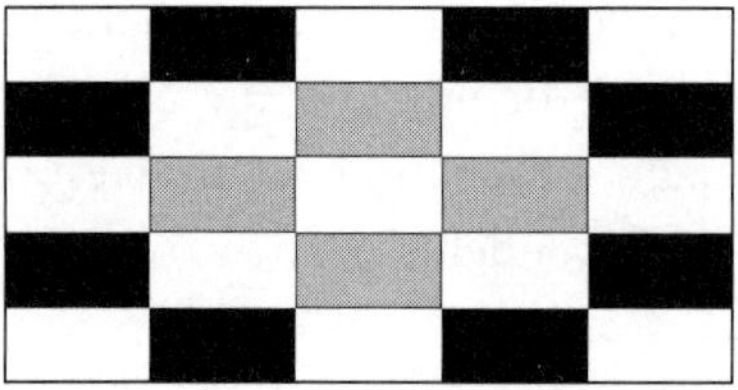

Hier können sich WCs befinden

Wenn ausreichende Belüftung möglich ist, können auch hier WCs sein

ein jeder Berater individuell ermitteln muss, um für Sie ein optimales Feng-Shui zu erreichen.

Wer ein neues Haus plant, sollte die Toilette grundsätzlich nicht vom Schlafzimmer aus begehen, und die Toilettentür sollte sich nicht in den Eingangsflur hin öffnen. So vermischen Sie nicht die eintretenden Yang-Energien mit den verbrauchten Energien der Toilette. Ganz abgesehen von den Gerüchen oder der Geräuschkulisse im Eingangsbereich ...

Die Lage der Toiletten ist ohnehin ein sehr wichtiger Punkt, denn die Toilettenschüssel darf nicht auf einem Akupunkturpunkt stehen, wo sie für Disharmonien sorgen würde. Die Ecken des Hauses und auch die Mitte jeder Seite sowie das Hauszentrum selbst sollten komplett frei sein von Toiletten, die dort zu Problemen führen würden. Toiletten im Westbereich können das Kinderglück stören, im Nordwesten haben sie Auswirkungen auf den Mann des Hauses, den Vater. Im Nordwesten wird der jüngste Sohn benachteiligt und im Osten der älteste Sohn sowie die Gesundheit im Allgemeinen. Liegt eine Toilette auf dem Akupunkturpunkt des Südostens, so werden sich finanzielle Probleme zeigen, und die älteste Tochter könnte benachteiligt sein. Toiletten im Süden bringen Probleme für die mittlere Tochter mit sich, aber auch im Bereich des Kopfes und des Herzens. Wer die Toilette im Südwesten platziert hat, wird nicht nur Partnerprobleme bekommen, er wird auch mit dem Magen zu tun haben. Sie sehen, dass der Standort der Toiletten einige Problematiken mit sich bringen kann, wenn er falsch gewählt ist, wobei ich nur einige der Probleme genannt habe, die auftreten können.

Aber verzagen Sie nicht. Es gibt auch eine ganze Palette von möglichen Korrekturen, die folgendermaßen aussehen können: Befinden sich die Toiletten im Norden, Osten oder Südosten, streichen Sie sie in Grün, der Farbe des Wachstums, und fügen Sie grüne Accessoires hinzu. Die grüne Farbe ist die Farbe des Holzes und wird die überschüssige Energie des Wassers aufnehmen. Stellen Sie zudem Bambusstangen rechts und links der Toilette auf. Idealerweise nimmt man hierfür drei Bambusstangen, die man an drei Stellen mit einem roten Band zusammenbindet; der Bambus gehört zum Element Holz, welches die überschüssige Wasser-Energie „nach oben zieht". Eine ideale Korrektur sieht dabei so aus, dass das Band Feng-Shui-Maße hat und auch die Bambusstangen selbst (43 cm Länge). Befindet sich die Toilette im Bereich des Südens, so streichen Sie die Wände in einem dunklen Rot, oder stellen Sie entsprechend farbige Accessoires auf. Auch hier können Bambusstangen hilfreich sein. Eine Toilette im Südwesten, Westen, Nordwesten oder Nordosten des Hauses streichen Sie in einem warmen Gelbton, oder Sie hängen entsprechende farbige Handtücher auf oder legen goldgelbe Badematten aus. Feldsteine, die mehr als fünf Kilogramm wiegen, eignen sich sehr gut als Erdenergieträger und werden neben das Abflussrohr der Toilette auf den Boden gelegt. Die Erdenergie kontrolliert dann die Wasserenergie der Toilette und sorgt auf diese Weise ebenfalls für einen Ausgleich.

Neben der Lage der Toilette gibt es eine einfache Feng-Shui-Grundregel, die hauptsächlich mit der Energetik zu tun hat: Schließen Sie den Toilettendeckel und auch die Tür! Eine alte Aussage der Chinesen lautet: Durch den geöffneten Toilettendeckel wird sonst die Energie des Reichtums hinweggespült.

Wichtig für ein gutes Feng-Shui ist, dass Ordnung und Sauberkeit im Bad vorherrschen und wenig zu sehen ist; verstauen Sie Ihre Kosmetika und Badutensilien besser in schönen Boxen oder Schränken. Ein paar ausgewählte Dinge können stehen bleiben, wobei gilt: Schöne Dinge dürfen sich im Spiegel verdoppeln, aber nicht die ausgelutschten Zahnbürsten ... Wohltuende Düfte wie Badezusätze oder auch Raumdüfte können Sie mit Schwung in den Tag bringen. Wer Pflanzen im Bad hat, muss darauf achten, dass sich kein

Schimmel auf der Erde bildet, denn die eingeatmeten Keime könnten Ihre Gesundheit gefährden! Flauschige Handtücher, dicke Badeteppiche und wiederum wenige, aber schöne Dinge können Ihnen ebenfalls ein Wohlgefühl vermitteln, und ist zusätzlich noch ein Feng-Shui-Meister an Ihrer Seite, um energetische Probleme zu lösen, wird der morgendliche Gang ins Bad zu einem wunderbaren und auch energetisch aufbauenden Tagesbeginn!

Tipp: Ich empfehle Ihnen auch das Buch *Feng-Shui auf 68 m²*, um noch tiefer in das Thema einzusteigen.

Ihr Homeoffice

Wenn Sie von zu Hause aus arbeiten, müssen Sie auch Ihrem Homeoffice besondere Beachtung schenken, denn Ihre Leistungsfähigkeit, Produktivität und Dynamik hängen mit Ihrem Büro zusammen. In jedem Fall sollte Ihr Büro einen regelmäßigen Grundriss haben, denn unregelmäßige Grundrisse bringen zahlreiche Probleme mit sich.

Natürlich sollte sich Ihr Büro auch in einer Ihrer günstigen Richtungen befinden, und Sie selbst sollten in eine dieser aufbauenden Richtungen schauen. Ideal ist es auch, den Schreibtisch so zu stellen, dass Sie zur Tür blicken und mit dem Rücken zur Wand sitzen. Setzen Sie sich auf keinen Fall auf die Linie zwischen Tür und Fenster, und beachten Sie, dass sich keine spitzblättrigen Pflanzen (Sha-Chi) in Ihrer unmittelbaren Umgebung befinden. Setzen Sie sich daneben nicht auf Störzonen! (Lassen Sie den Raum durch einen Rutengänger überprüfen.) Beachten Sie zudem Ihre Ming-Kwa-Zahl, und schauen Sie von Ihrem Schreibtisch aus in eine für Sie günstige, starke Richtung. Sind Sie ein Westmensch, so sind der Westen, Südwesten, Nordwesten und der Nordosten Ihre besten Richtungen. Sind Sie ein Ostmensch, so sind der Osten, Süden, Südosten und der Norden günstig.

Wer einen freien Kopf benötigt, um neue Ideen zu haben, braucht auch den Blick in die Weite, also eine Aussicht statt einer Wand vor dem Kopf. Gerade an diesem Beispiel sehen Sie, dass Feng-Shui oft sehr logisch und nachvollziehbar ist ... Wenn Sie Ihren Sitzplatz nicht ändern können und immer noch auf eine Wand blicken, dann bringen Sie einen Spiegel an, um den Ausblick einzufangen, oder hängen Sie ein Motiv auf, das Weite abbildet.

Daneben ist die Farbwahl ausschlaggebend, ob Sie sich in Ihrem Büro wohlfühlen oder nicht. Weiß ist beispielsweise eine Farbe, die die Augen stark ermüdet, aber gebrochene Weißtöne können hier für Abhilfe sorgen. Grün ist für die Augen in der Tat günstig, und es müssen nicht immer die Wände sein, die grün gestrichen sind.

Auch großblättrige Pflanzen im Büro bringen Grün in den Raum und sorgen zudem für eine gute Luft und die Befeuchtung des Raumes. Pflanzen in Verbindung mit Wasserobjekten sorgen daneben für ein besseres Chi im Raum, wodurch Ihre Leistungsfähigkeit steigen wird. Das Element Wasser wird überdies mit Reichtum assoziiert, was gerade für Büroräume von Vorteil ist.

Ein Büro mit schlechtem Feng-Shui, ein *Yin-Büro*, das eine Atmosphäre von Antriebslosigkeit erzeugt, wäre dunkel, staubig, überfüllt und in Braun oder Grau ausgestattet. Nur schwaches oder fahles Licht herrscht vor wie bei Büros im Hinterhof oder Keller - und die Arbeitskraft des Menschen ist in einem solchen Raum ebenfalls „im Keller“. Die Einrichtung ist dunkel, nüchtern oder gar als karg zu bezeichnen.

Hier helfen Licht, Ordnung, Wasser, Pflanzen, frische, anregende Farben und persönliche Gegenstände, wie sie typisch sind für *Yang-Büros*. Sie sind hell und freundlich, haben Farbakzente und befinden sich an einer belebten Straße oder in einer lebhaften Gegend. Ein Zuviel an Yang-

Energie kann die Arbeitsatmosphäre allerdings auch zu hektisch werden lassen, und man muss auf die Ausgewogenheit der Elemente achten. Zu helle Räume stellen beispielsweise ein Problem für die PC-Arbeit dar, aber dunkle Böden und Beschattungen können hier helfen und die Balance im Raum wiederherstellen.

Die Farbe des Schreibtischsessels richtet sich nach Ihrem Jahreselement. Ein Erdmensch bekommt beispielsweise einen braunen Sessel, ein Holzmensch einen grünen, ein Wassermensch einen blauen oder schwarzen. Ersehen Sie in der Tabelle der Jahreselemente Ihr Element, und überprüfen Sie einmal, ob Sie sich bereits mit den für Sie richtigen Farben, Formen und Materialien umgeben haben.

Entscheidend ist auch die Bequemlichkeit und die ergonomische Gestaltung des Stuhls, damit Sie keine Verspannungen bekommen und auf diese Weise Ihre Körperenergieflüsse blockieren. Daneben ist es in jedem Fall günstig, auch hier die fünf Tiere zu beachten. Hauptsächlich geht es darum, dass Sie möglichst eine hohe Lehne im Rücken haben sollten (die „Schildkröte"). Rechts und links bilden die Armlehnen den „Tiger" und den „Drachen". Der „Phönix" ist der Ausblick auf den PC, und die „Schlange" entspricht dem Sitzplatz als solchem. Ein Chef benötigt in jedem Fall eine hohe Rückenlehne, und die Armlehnen stellen eine Unterstützung dar, die für ihn in jedem Fall fühlbar ist.

Wählen Sie harmonische, ergonomische Formen für Ihren Schreibtisch; Nierenformen oder auch Schreibtische mit angesetzten runden Formen sind zu empfehlen. Ihr Schreibtisch sollte zudem keine Energieräuber beherbergen wie einen Aktenberg, den Sie nicht mehr übersehen können. Achten Sie immer darauf, dass Ihr Schreibtisch sauber ist und aufgeräumt, wenn Sie Ihre Arbeit beginnen und wenn Sie diese beendet haben. Ein Glastisch ist generell nicht zu empfehlen, da Sie damit hauptsächlich Knieschmerzen verspüren werden, weil der Druck von der Oberfläche ungehindert auf die Beine übergeht; Abhilfe schaffen können Sie durch eine Lederunterlage. Prüfen Sie schließlich noch, ob Ihr Schreibtisch gute

Feng-Shui-Maße (Tabelle im Anhang, s. Seite 178f.) aufweist. Günstige Tischmaße sind beispielsweise:

Breite (in Zentimetern)
65, 69, 82, 89, 107

Länge (in Zentimetern)
88, 112, 132, 155, 193, 198, 215

Spitzblättrige Pflanzen und hervorstehende Ecken im Raum tragen Sha-Chi mit sich und mindern Ihre Leistungsfähigkeit. Wer seine Tür immer offen stehen hat, wird auch das Türblatt mit seiner Kante als Sha-Energie sehen müssen; achten Sie darauf, dass die Kante nicht in direkter Linie auf Sie zeigt, denn dies würde Sie unnötigerweise aggressiv machen. Auch Ausdünstungen von Möbeln, Teppichen oder Wänden können schädlich sein. Achten Sie daher von vornherein darauf, dass Sie in einem von den Materialien her gesunden Büro sitzen, verbringen Sie doch einen Großteil Ihrer Zeit dort.

Fragen Sie sich abschließend noch einmal:

- Liegt Ihr Büro in einer für Sie günstigen Richtung?
- Haben Sie eine „Schildkröte“ im Rücken und einen offenen Bereich, den „Phönix“, vor sich?
- Bestimmen aufbauende Farben, günstige Lichtverhältnisse, Pflanzen und Wasser die Atmosphäre?
- Hat Ihr Schreibtisch günstige Maße?
- Sitzen Sie in einer für Sie günstigen Richtung, entsprechend Ihrer Ming-Kwa-Zahl?
- Haben Sie Sha-Energien ermittelt?
- Sind genügend aufbauende Energien im Raum?

Der Speicher/Dachboden

Ein voller Speicher zeigt an, dass die Zukunftsthemen der Bewohner blockiert sind, denn der Dachboden entspricht dem Kopf des Gebäudes und wird auch mit dem Kopfbereich der Bewohner assoziiert. Ist der Speicher also voll, haben wir nicht mehr genügend Aufnahmekapazitäten für Neues. Wer dort nicht aufräumt, nicht hinsehen will, ist auch Neuem gegenüber nicht aufgeschlossen. Schaffen Sie daher Platz für Neues, und befreien Sie sich von Gerümpel! Ein drastisches Beispiel ist das Haus einer Künstlerin, deren Atelierzugang durch den vollgestellten Dachboden führte. Man konnte kaum hindurchgehen, und die schönsten Gemälde waren nicht zugänglich. Erst nach einer Entrümpelungsaktion kamen nicht nur vermisste „Schätze" ans Licht, sondern auch die Gemälde waren wieder sichtbar, der Weg breiter und es entstanden freie Flächen. Kurze Zeit später bekam die Künstlerin die Möglichkeit, ihre Bilder in einer Anwaltskanzlei auszustellen.

Mein Rat: Der Dachboden muss nicht leer sein, aber strukturiert und ordentlich, sodass Sie jederzeit wissen, wo Sie was abgestellt haben. Schaffen Sie zudem freie Flächen und Wege.

Der Keller

Der Keller repräsentiert den Yin-Bereich des Hauses. Ist er unbewohnt und dient er ausschließlich als Aufbewahrungsort, so gelten dieselben Regeln wie für den Dachboden: Schaffen Sie Ordnung und Klarheit, und sorgen Sie für gute Lichtverhältnisse.

Darüber hinaus gibt es auch eine allgemeine Aufteilung des Kellers in Bereiche nach den Himmelsrichtungen, da jedem Bereich eine andere energetische Qualität zugeordnet wird: Waschküchenbereiche sind günstig in der Himmelsrichtung Nordwesten, der Richtung des Metalls untergebracht. Die Heizung ist idealerweise im Osten des Kellers, die Hausanschlussräume im Norden. Die reinen Abstellräume sind im Nordosten oder in Südwest-Bereichen am besten positioniert. Wer einen Weinkeller einplanen sollte, legt diesen idealerweise in Richtung Norden, und eine Sauna findet im Süden ihren Platz.

Der Kellerabgang spielt natürlich auch eine Rolle. Achten Sie darauf, dass man den Kellerabgang am Hauseingang nicht als dunkles, schwarzes Loch wahrnimmt. Kinesiologische Tests (Arm-Muskel-Tests) beweisen, dass dann die Aufmerksamkeit und mit ihr das Chi direkt in Richtung Kellerabgang gelenkt werden. Außerdem weckt ein dunkler Treppenabgang in den Keller unterbewusst Angst. Die wirkungsvollste Maßnahme ist hier: Statten Sie den Eingangsbereich Ihres Hauses mit einem Bewegungsmelder aus, sodass bis hinunter in den Kellerbereich Licht ist; am besten sind hier Wandlampen, die auch nach oben strahlen. Oder Sie stellen unter einen offenen Treppenabgang einen Wasserbrunnen mit Beleuchtung und eine Pflanze, die Sie von unten her beleuchten. An der dem letzten Treppenabsatz gegenüberliegenden Wand können Sie zudem einen großen Spiegel anbringen – dieser befördert das Chi wieder nach oben. Darüber hinaus gibt es ein altes chinesisches Mittel: das Anbringen von Fächern an der Wand, die wie Finger nach oben weisen, oder auch chinesische Flöten, bemalt mit Motiven von Drache und Tiger. Beide werden parallel mit dem Mundstück nach unten an der Wand angebracht. In der Vorstellung der Chinesen wird das Chi dann durch das Mundstück nach oben geblasen - und damit vom Kellerbereich in Richtung Wohnebene. Auch Bilder mit einer bestimmten Symbolik können helfen, zum Beispiel Blüten, die sich nach oben hin öffnen.

Fragen Sie sich abschließend noch einmal:

- Wie sind bei Ihnen der Kellerabgang und der Kellerbereich gestaltet?
- Welche Blockaden sollten hier entfernt werden, damit es im *Bereich der Grundlagen und Wurzeln* des Hauses befreiend zugeht, damit die Energie wieder fließen kann?

Abstellräume

Oft sind Abstellräume überladen und gehören ausgemistet. Altes, Verbrauchtes und nicht mehr Benötigtes muss raus! Schaffen Sie Platz, und sorgen Sie für eine gute Belüftung. Ein Türeinsatz mit einem Gitter und einem Klangspiel mit offenen Röhren kann hier auch helfen. Mein Tipp: Räumen Sie regelmäßig auf, und säubern Sie den Raum - und sei er auch noch so klein! Daneben befinden sich Abstellbereiche am besten in der Himmelsrichtung Nordosten und in einem „Minusbereich" der Omen.

Garagen

Testen Sie doch gleich zu Beginn einmal, ob eine alte Regel der Chinesen bei Ihnen zutrifft: Befinden sich die Garagen auf der rechten Seite des Hauses, bedeutet dies, dass der Mann des Hauses viel unterwegs sein wird. Auf der linken Seite des Hauses, wird es entsprechend die Frau sein, die oft außer Haus ist.

Die Zufahrt zur Garage sollte aus einer für Sie günstigen Himmelsrichtung kommen und mit anderen Feng-Shui-Berechnungsarten übereinstimmen, die allerdings so komplex sind, dass Sie hierzu am besten einen Feng-Shui-Master hinzuziehen.

Bei einer Neuplanung ist es entscheidend, dass der Bewegungsfluss von der Garage zum Haus hin harmonisch und fließend erfolgen kann, dass eine gute Beleuchtung gewährleistet ist und dass der Weg, der zum Haus führt, breit genug ist und dass darauf keine Stolpersteine liegen. Nicht erwünscht ist, dass man direkt von der Garage in die Küche gelangt, hier sollte ein Arbeitsbereich, ein Hauswirtschaftsraum oder eine Schmutzschleuse als Puffer dienen.

In der Garage gilt als oberstes Gebot Ordnung, denn ein Zuviel an Gerümpel würde Ihren Hauskörper belasten.

Kapitel 4

Der Garten

火土金水木

Am besten plant man beim Neubau eines Hauses den Garten gleich mit. Dies ist preiswerter und spart viel Mühe sowie Zeit. Denn anfangs kommen die Bagger noch überallhin, wenn es gilt, einen Teich auszubaggern oder Hügel aufzuschütten. Auch die elektrischen Leitungen sollten anfangs schon in den Garten gezogen werden, und aus Feng-Shui-Sicht ist dies alles einleuchtend: Man plant die Außenhaut des Menschen, also den Garten und sein Haus, zusammen. Bei der Planung muss jeder Blickwinkel in den Garten berücksichtigt werden: Wenn Sie auf dem Sofa sitzen, wohin sehen Sie? Was sehen Sie vom Esstisch oder vom Bett aus? Neben den Blickwinkeln sind die Geburtsdaten, Himmelsrichtungen und die Berechnung der Fliegenden Sterne (eine der komplexeren Feng-Shui-Methoden, für die Sie am besten einen Master zurate ziehen) für die Platzierung von Bäumen, Wassern, Wegen, Hügeln, Mauern und so weiter entscheidend. Einerseits sollten dabei Ruheplätze geschaffen werden, andererseits muss der Garten alle Sinne ansprechen - man benötigt also eine Art Rezept, damit Entspannung und Wohlbefinden genauso möglich sind wie Spiel und Spaß für Groß und Klein. Das „Kochrezept" für einen Garten der Harmonie möchte ich Ihnen hier nun vorstellen:

Rezept für einen Harmoniegarten

- Man prüfe alle seine Bedürfnisse, die der Garten erfüllen soll.
- Man schaue sich die Umgebung an.
- Man suche die vier Tiere der Landschaft und unterstütze sie durch Pflanzungen.
- Man suche Chi-Sammelplätze und gestalte sie.
- Man gehe dem Chi-Fluss im Garten nach, indem man sich frei bewegt und Wege nach dem eigenen inneren Fluss anlegt.

- Man gleiche Yin und Yang aus und schaffe so eine Harmonie von Licht und Schatten, glatt und rau, kühl und warm.
- Man nehme acht Himmelsrichtungen und bringe sie gestalterisch mit Form, Farbe und Materialien zum Ausdruck.

Der Garten dient nach asiatischer Auffassung der Nahrung des Herzens, und deshalb gab man ihm Namen wie „Garten der Milde“, „Wind tönt im Bambus“ oder „Jaspis-Wasserfall-Garten“. Ist es nicht wunderschön, dem Garten einen Namen zu geben? Wir sollten dies wieder lernen und unsere Kreativität nutzen, um unsere Freude über den Garten in Form eines Namens kundzutun.

Geräusche im Garten wurden mit Bambus, Wasser oder Klangspielen erzeugt, um die Ohren zu verwohnen. Düfte, beispielsweise von Rosen oder Jasmin, umschmeichelten die Nase, und das Wechselspiel von Schatten und Sonne sollte das körperliche Wohlgefühl durch die richtige Gartentemperatur erzielen. Sonne und Schatten, Yang und Yin, brauchen immer das rechte Maß - und dass dies nicht allein von dem Landstrich, sondern auch von der Umgebungsbebauung oder -bepflanzung abhängig ist, ist sicherlich verständlich.

Das Spiel mit Gegensätzen setzt sich in einem perfekt gestalteten Garten fort mit hartem Fels und fließendem Wasser, in senkrechten Betonungen durch Bogengänge und waagerechten durch Sitzplätze. Abwechslung durch Geräusche neben stillen Gartenecken ist ebenso möglich, um das Spiel von Yin und Yang weiter fortzuführen. Darüber hinaus wird der Symbolik eine große Bedeutung beigemessen, beispielsweise bei den vielfältigen Formen von Ein- und Durchgängen. Letztere bieten die Möglichkeit, neue Räume zu betreten, und sollten im asiatischen Sinn besonders geformt sein. So steht der Durchgang in Vasenform für das doppelte Glück und schenkt dem durch ihn Tretenden Ruhe und Frieden, und die Pfirsichform schenkt Treue und ein langes Leben, während die Fächerform Zufriedenheit bringt.

Bei allem im Garten gilt es, weder zu viel noch zu wenig zu tun. In Europa neigt man meist dazu, den Garten zu überladen. Bedenken Sie jedoch immer das Prinzip von Yin und Yang, die ausgewogen und wie die zwei Schalen einer

Waage stets in Balance sein sollten. So bieten beispielsweise Wandelgänge Schutz vor Regen sowie kalten Winden und spenden Schatten, doch im Übermaß verdunkeln sie den Garten oder verstellen den Blick aus den Fenstern. Hohe Bäume sind schützend, überragen sie aber das Haus, so haben Sie Feuchtigkeit und Schatten im Übermaß, was zu vermeiden ist. Ein Zuviel kann auch gegeben sein, wenn im Garten zu viele Bäume stehen, und greifen Bäume das Haus mit Ästen und Wurzeln an, so leidet der Mensch, er fühlt sich energielos und müde.

Feng-Shui sieht die Umgebung und den Menschen immer in einer Wechselbeziehung. Man könnte sagen, dass die Umgebung den Menschen formt und umgekehrt, deshalb gilt ganz konkret: Jeder Harmoniegarten ist einmalig, was seine Umgebung angeht, und er ist ästhetisch, formschön und spricht alle Sinne an. Die persönliche Note und der individuelle Geschmack sind im Feng-Shui-Garten nicht nur zu berücksichtigen, sie sind sogar oberstes Gebot. Wer seinen Garten mit Feng-Shui-Kenntnissen anlegt, wird ihn allerdings nach dem Sonnenlauf ausrichten und nach den fünf Basiselementen, und er wird das Wesen der Pflanzen und Bäume kennen, die er pflanzt. So wird beispielsweise Holunder hinter und **nicht vor** dem Haus gepflanzt, weil er nur hinter dem Haus seinen schützenden Charakter entfaltet.

Fragen Sie sich abschließend:

- Wie energiereich ist Ihr Garten? Stimmen die Blickwinkel?
- Haben Sie Ihre Geburtszahlen berücksichtigt, um die besten Sitz- und Liegepositionen im Garten zu finden?
- Sind die fünf Tiere der Landschaft bei Ihnen „zu Gast"?

Kapitel 5

Business-Feng-Shui

火土金水木

Der Erfolg einer Firma hängt von vielen Faktoren ab, und ein gutes Feng-Shui ist ein wesentlicher Baustein. Es kann dabei helfen, bestehende Probleme zu lösen, zukünftigen vorzubeugen und neuen Schwung in die Unternehmen zu bringen. Selbst die Logogestaltung und der Werbe- oder Messeauftritt können mit Feng-Shui-Kenntnissen enorm verbessert werden.

Büros

Insbesondere im Bürobereich gibt es einige Aufgabenstellungen, die Sie zum Teil schon im Kapitel über das *Homeoffice* kennengelernt haben. Der Standort des Büros wird beispielsweise ausschlaggebend für Ihren Erfolg sein. Arbeiten Sie mit Kundenkontakt und Besuchern in Ihrem Büro, so werden auch der Zugang, die Auffindbarkeit, die Beleuchtung und der Empfang ausschlaggebend sein. Der Eingang sollte in jedem Fall in einer günstigen Richtung liegen und für den Unternehmer mit einer seiner guten Richtungen (beachten Sie die Ming-Kwa-Zahlen) übereinstimmen. Sollte es einen Empfang geben, so gilt hier, dass er einladend wirken und nicht direkt gegenüber der Eingangstür liegen sollte, was zu einer Konfrontation zwischen Eintretendem und Empfangendem führen würde. Pflanzen, Wasser und schöne Farben, die der Corporate Identity der Firma entsprechen sollten, bestimmen darüber hinaus den ersten Eindruck, den der Kunde oder Gast vom Unternehmen gewinnt. Im Allgemeinen symbolisieren Blau und Silber das Element Wasser und damit das Reichtumselement. Wer dazu schwarze Ledersessel, Wasserobjekte und große Pflanzen einbringt, gewinnt noch mehr von dieser Energieform. Rot und Goldtöne stehen im Feng-Shui für die Elemente Feuer und Erde und symbolisieren Gold und Glück. Sollten Sie ein Handelsunternehmen haben, so wirken auch blühende Pflanzen wie Pfingstrosen und Lilien unterstützend.

Der Weg zu den einzelnen Büros muss in jedem Fall hell und freundlich sein, und Lagen in dunklen, abgeschiedenen Bereichen sind generell ungünstig. Die Buchhaltung liegt am besten in einem ruhigen Bereich und nach Möglichkeit im Nordwesten der Firma, denn dort herrscht das Element Metall vor.

Für die Aufteilung der Büroräume sind die Funktionsabläufe einerseits wichtig, aber auch die Berechnungen eines Feng-Shui-Meisters, die hinzukommen. Gerade das Chefbüro sollte sich weiter weg vom Eingang befinden, in einer günstigen Richtung des Unternehmers, denn er darf auf keinen Fall sofort mit jeder Kleinigkeit belästigt werden, wie es geschehen würde, befände er sich im Blickbereich der Eingangstür. Der Chef hat daneben idealerweise ein großes Büro, und sein Sitzplatz ist diagonal zur Tür hin ausgerichtet. Er schaut einerseits zur Tür und andererseits in eine seiner günstigen Richtungen. Hinter ihm befindet sich eine Wand, und die Wasserobjekte, Bilder oder Pflanzen werden individuell auf ihn abgestimmt, um ihm Kraft und Stärke zu geben. Pflanzen, die großblättrig sind und von unten beleuchtet, bedeuten dabei im Übrigen Wachstum und Fortschritt. Offene Regale im Rücken verbieten sich jedoch, denn sie bilden Sha-Chi-Kräfte, die Disstress verursachen könnten. Neben diesen allgemeinen Richtlinien gilt, dass das Büro aufgeräumt und der Tisch in Form- und Feng-Shui-Maßen günstig sein sollte.

Darüber hinaus ist ein gutes Betriebsklima wünschenswert, weshalb die Mitarbeiterräume nicht vernachlässigt werden dürfen. Erzeugen Sie ein herzliches Klima bis hin zu den Umkleide- und Pausenräumen, denn gerade hier mangelt es oft an einladenden Einrichtungen und damit auch an der Bereitwilligkeit der Mitarbeiter. Feng-Shui nur für den Empfang und das Chefbüro anzuwenden, verbietet sich aus diesem Grund. Die Mitarbeiter sind für den Erfolg der Firma wichtig! Bei den Arbeitsräumen der Mitarbeiter sollten Sie darauf achten, dass sie nicht zwischen Tür und Fenster sitzen, da diese Mitarbeiter am häufigsten krank werden! Der Grund: Zwischen Tür und Fenster wird die einströmende Energie direkt dem Fenster zustreben, und die schnelle Bewegung des Chis hat krank machende Tendenzen. Deshalb gilt: Auch der Mitarbeiter benötigt eine Wand im Rücken und die Tür im Blick. Aber Achtung: Mitarbeiter können auch öfter krank werden, wenn sie ständig in der Nähe von Kopierern oder Druckern arbeiten müssen, von denen störende Energien, belastende Gerüche und Elektrosmog ausgehen. Wenn Sie die Möglichkeit haben sollten, die Drucker in den Flurbereich zu stellen, so ist dies empfehlenswert. Hervorstehende Ecken und Kanten führen zudem zu Verspannungen, wenn diese direkt auf den Mitarbeiter weisen, aber auch die Sitzposition kann ein Problem sein: Ein direktes Sich-gegenüber-Sitzen der Mitarbeiter erzeugt Disstress, doch es gibt Tischparavents und Pflanzen, die dieses Problem lösen können, oder Sie denken an eine Umstellung der Bürotische. Die Luft sollte zudem nicht zu trocken sein, da trockene Luft auch gleichzeitig bedeutet, dass die Schleimhäute austrocknen und so die Abwehr von Krankheitserregern über die Nasenschleimhaut nicht gewährleistet ist, womit die Mitarbeiter wiederum häufiger erkranken.

Zu den Pflanzen: Wer den beliebten Ficus benjamini im Bürobereich eingesetzt hat, wird nicht immer Freude daran haben, insbesondere im Winter nicht, wenn er in Heizungsnähe steht. Denn dann sondern die Pflanzen giftige Dämpfe ab, die Allergien und eine Reizung des Atemsystems bewirken können. Yuccapalmen sind ebenfalls überhaupt nicht zu empfehlen, da sie Sha-Energien aussenden und mit ihren spitzen Blättern die Mitarbeiter und möglicherweise auch die Kunden „attackieren". Dasselbe gilt auch für Kakteen und Pflanzen mit Dornen oder Stacheln. Große Pflanzen im Allgemeinen, die große, abgerundete Blätter haben wie der Feigenbaum, können dagegen Geräusche dämpfen und die Atmosphäre vor hektischen Aufladungen schützen. Weitere bürotaugliche Pflanzen sind beispielsweise: Prärieenzian, Madagaskar-Immergrün, Flamingoblume, Grünlilie, Gerbera, Lederfarn, Russischer Wein, Amaryllis oder Rippenfarn.

Tipp: Lesen Sie hierzu auch gern die Bücher *Feng-Shui und Gesundheit, Feng-Shui und Naturmedizin* oder *Feng-Shui auf 68 m^2*.

Restaurants

Bei einem Restaurant ist zunächst die Lage entscheidend für dessen Erfolg. Wichtig ist außerdem die Inneneinrichtung, wobei gilt: Nicht immer garantiert eine Edelausstattung auch den Erfolg! Entscheidend ist daneben, ob das Restaurant einen Mittagstisch anbietet und damit auch mit Tageslicht agiert oder ob es ein reiner Abendbetrieb ist. Natürlich darf man auch die Qualität der Küche nicht unterschätzen - der Koch sollte exzellent und der Unternehmer darum bemüht sein, seinen Gästen beste Ware zu bieten und ein angenehmes Ambiente. In einem Fall aus meiner Praxis hatte das Restaurant einen hellen, glänzenden Boden und es hallte in den Räumen, die keine Abtrennungen zwischen den einzelnen Sitzplätzen aufwiesen, wie in einer Bahnhofshalle. Die Räume fühlten sich kalt an, und es war kein Platz zum langen Verweilen. Allein mit der Änderung des Bodens, einigen Dekorationen und der Abtrennung der Sitzbereiche wurde das Restaurant sehr erfolgreich.

Weiter sollten Sie sich fragen: Kommt man auch als Behinderter *ungehindert* bis ins Restaurant? Wie sind Ihre Toilettenbereiche? (An ihnen misst der Gast die Qualität des Restaurants!) Wie ist der Geruch im Toiletten- wie auch im Restaurantbereich? Stimmt die Musik mit dem Thema des Restaurants überein? Ist der Name des Restaurants gut erkennbar und der Eingang mühelos auffindbar? Haben Sie eine geschützte, ansprechende Sitzposition für die Gäste und ein sauerstoffreiches Klima geschaffen? Wasser am Eingang, Wasserwände an der richtigen Stelle, die passenden Farben und Bilder ergeben zusammen ein Konzept, das sich als Gästemagnet auswirken wird. Beachten Sie auch die Art der Bestuhlung. Man sollte lange sitzen können und bequem. Daneben ist die Beleuchtung ausschlaggebend, ob man sich im Restaurant wohlfühlt oder nicht. Ich beobachte bei Spaziergängen durch die Innenstädte am Abend gern die Restaurants. In den Restaurants, in denen eine schummrige, angenehme Beleuchtung am Abend vorherrscht, sind die Tische gefüllt, und die hell erleuchteten Restaurants sind annähernd leer! Zufall?

Restaurants mit Café-Betrieb sollten auf der nachmittäglichen Sonnenseite liegen, denn die Nachmittagssonne symbolisiert das Element Erde, die zum Kuchenessen (ebenfalls Erde) passt. Diese Lage zieht unweigerlich Kaffeegäste an! Es braucht dann nun nur noch eines: einen Schutz zur Straße durch Bäume, Sträucher oder Pflanzkästen mit hoher Heckenbepflanzung.

Wenn Kellner am Eingang Zigaretten rauchen, fühlt sich der Gast nicht eingeladen. Auch Besitzer, die am Eingang böse schauen, wirken abschreckend, und ein Wirt, der nicht positiv, zuvorkommend und freundlich gestimmt ist, wird kaum Gäste anziehen.

Fragen Sie sich abschließend noch einmal:

- Haben Sie eine positive Einstellung?
- Stimmt die Lage Ihres Restaurants?
- Gibt es bequeme Sitzmöbel?
- Geschützte Sitzbereiche?
- Die richtige Beleuchtung, auch am Abend?
- Liegen Sie auf der Schatten- oder Sonnenseite der Straße?

Hotels

Ob das Hotel *Melarose* in Berlin, das *Parkhotel* in Schweinfurt, das Hotel *Meerlust* auf Zingst oder das Hotel *Luise* in Erlangen - Hotels gewinnen mit Feng-Shui nicht nur an Gästen, sondern auch an Ausstrahlung, und ihre Auslastung steigt. Einen Feng-Shui-Meister benötigt man dann, wenn man auf der einen Seite hochqualifiziertes Personal, aber unmotivierte Mitarbeiter hat oder wenn man keine zufriedenstellende Auslastung über das ganze Jahr vorweisen kann. Eine Feng-Shui-Beratung deckt auf, woran dies liegt, und zeigt Lösungen auf, die praktikabel und nicht immer teuer sind. Haben Sie beispielsweise einen Fehlbereich im Nordwesten Ihres Unternehmens, so wird es einen Mangel an Gästen geben. Ein Fehlbereich (wenden Sie die Drittelung an!) im Bereich der Küche führt zu einer starken Fluktuation des Küchenpersonals. Fragen Sie sich daneben, wie man Ihr Hotel findet und wie die Mitarbeiter am Telefon die potenziellen Gäste betreuen. Wie ist der Eingang gestaltet? Wirkt er kraftvoll und magnetisch? Ist der Schreibtisch des Inhabers perfekt positioniert? Wenn nicht hat er mitunter seinen Kopf nicht frei, um neue Ideen in die Tat umzusetzen. Wessen Hotel nicht im „Fluss der Energie" ist, hat unweigerlich Probleme, doch mit Feng-Shui werden auch die kleinsten Defizite auf allen Ebenen aufgedeckt. Ob es die Ausschilderung innerhalb des Hotels ist, die für einen Teil des Chi-Flusses zuständig ist, ob es die Mitarbeiter anbelangt oder die Berechnung der Energien des Hotels mit dem Lo-Pan: Eine Feng-Shui Beratung ist immer angeraten! Die Botschaft, die man mit dem Feng-Shui-Konzept sendet, ist: ***Sei willkommen, tritt ein, verweile, fühl dich wohl und empfiehl uns weiter!***

Feng-Shui-Check-up für Hotels

Werbung

Analyse der versendeten Werbung auf die Ausstrahlung, Botschaft, Farbgebung der Bilder und der Texte. Wie passt das Logo des Hotels zu dem, was es vermitteln möchte? Kann es mit kleinen Änderungen den Zielen gerechter werden, oder ist es bereits optimal?

Telefon an der Rezeption

Beurteilung der Telefonstimmen (zu unterschiedlichen Zeiten Checks durchführen).

- Welches Gefühl vermittelt die Rezeptionistin dem Gast?
- Wie geht man auf Sonderwünsche ein?

Anreisebeschreibung

Hier werden alle entsprechenden Hinweise aus Broschüren, dem Internet und so weiter gesichtet.

- Wo gibt es Defizite in der Beschreibung?

Beschilderungen

Hier werden alle Hinweisschilder zum Hotel und deren etwaige Schwächen in puncto Eindeutigkeit und Positionierung betrachtet.

Parken

Hier wird die Parkplatzsituation (Zufahrt, Anzahl, Beleuchtung, Ausfahrt, Bodenbelag, Nähe zur Rezeption und so weiter) untersucht.

Das Gelände

Wegeführung, Beleuchtung, Sitz- und Liegemöglichkeiten müssen gemeinsam mit der Bepflanzung auf alle Feng-Shui-Anforderungen und das Chi des Hotels hin überprüft werden.

Die Gebäudeharmonie

- Wie sind die Farben des Gebäudes, die Gebäudeform und die dazugehörige Gesamtharmonie beschaffen?
- Gibt es Fehlbereiche?

Der Eingang

- Wie ist der „erste Eindruck" des Hauses?
- Wie groß ist der Eingang („Chi-Mund") des Hotels?
- Welche Bepflanzung, Beleuchtung, Form- und Farbgebung ist hier anzutreffen?

Der Weg in das Zimmer

Hier wird neben den Hinweisen des Personals ganz besonders auf die Beschilderung und den Transport des Gepäckes (Treppen, Aufzüge ...) geachtet. Die Lichtverhältnisse, die

Farben und der Bodenbelag gehören ebenso zum Check-up.

Die Zimmer (alle unterschiedlichen Kategorien)

- Entsprechen Stil und erster Eindruck den Erwartungen?
- Ist alles wie erwartet (Farben, Licht, Stil, Geruch, Bequemlichkeit, Funktionalität, Funktionsfähigkeit, Sauberkeit)?
- Was überrascht den Gast hier besonders positiv? Freut er sich darauf, da zu sein?
- Fühlt er sich wohl?
- Kann er sich entspannen?
- Hat er das Gefühl, dass das Preis-Leistungs-Verhältnis passt?
- Würde er das Zimmer weiterempfehlen?
- Welche Art der Begrüßung gibt es hier (Obst, Wasser, persönlicher Kartengruß oder Ähnliches)?

Das Restaurant und die Mitarbeiter

Hier spielen sowohl das stimmige Ambiente als auch der darauf abgestimmte Service und die Qualität der Angebote eine Rolle.

- Fragen Sie sich auch: Würde der Gast hier auch alleine essen?
- Würde er hier auch Geschäftsessen abhalten? Würde er hier größere Feste feiern wollen?
- Würde er das Lokal auch unabhängig vom Hotel nutzen?
- Würde er das Lokal empfehlen? Wenn ja, warum?
- Liegt dies an der Auswahl oder Qualität der Speisen, am Ambiente, am Service oder an der Getränkeauswahl?

Die Bar

Die Lage der Bar entscheidet über deren Erfolg! Bestenfalls befindet sie sich in der Nähe der Rezeption. Eine genauere Feng-Shui-Untersuchung wird herausfinden, ob die Lage exzellent ist oder ob etwas unternommen werden muss, um den Barbetrieb „anzukurbeln“. Passend zum Hauskonzept kann es sich bei einer möglicherweise vorhandenen Bar um einen Treffpunkt, um einen Rückzugsort oder einen Ort zum Kennenlernen, vielleicht aber auch um alles gemeinsam handeln. Wichtig ist aber auf jeden Fall: Die Bar muss zur Corporate Identity und der Zielgruppe des Hotels passen.

- Wie sieht es neben Ambiente und Angebot (zum Beispiel Snacks) mit Musik und ruhigeren Ecken aus?

Der Wellnessbereich

Hier kann enorm viel schiefgehen! Falsche Beleuchtungen, schlechte Wegeführung, unzureichende Liegemöglichkeiten und so weiter. Fragen Sie sich:

- Wie kann der Gast den Saunabereich nutzen – und vor allem wann?

Zu schwere Liege- oder Sitzmöbel, aber auch nicht abgeschirmte Bereiche können dem Wellnessbereich schaden. Das Ambiente, passende Musik, Düfte, die richtige Farb- und Bilderwahl, die Anordnung der Liege- und Sitzmöglichkeiten, Pflanzen, Wasser und natürlich auch die Ausgewogenheit der fünf Elemente sowie die von Yin und Yang sowie das hier agierende Personal werden alle eine maßgebliche Rolle spielen.

Die Seminar- und Tagungsräume

Die Gestaltung der Tagungsräume erlebt eine immer größere Bedeutung. Hier wird sich zeigen, ob man langfristig erfolgreich sein wird. Pflanzen und Wasser sind hier eine Bereicherung und wirken belebend.

Die allgemeinen Aufenthaltsräume

Je nach Thema sollten diese Bereiche passend zur Corporate Identity des Hotels gestaltet werden, was Farb- und Möbelwahl angeht. Auf keinen Fall sollten hier alte Möbel, Bilder oder Zeitschriften geparkt werden.

Die Aufenthaltsräume des Personals

Hier entscheidet sich, ob die Mitarbeiter gern für das Unternehmen arbeiten und wie sie sich gewürdigt fühlen. Wer hier nur die alten Möbel parkt, gibt dem Personal nicht das Gefühl, dass seine Leistungen anerkannt werden! Auch die farbliche Ausgestaltung der Räume kann das Betriebsklima wesentlich verbessern.

Die Büroräume der Geschäftsleitung

Wichtige Veränderungen können schon das Umstellen der Schreibtische sein oder neue Farben, Pflanzen oder Zimmerbrunnen und Bilder - all das kann die Produktivität unterstützen und entstressen.

Check-out und Abreise

Leider immer noch Realität: Gut gelungene Aufenthalte werden durch lange Wartezeiten am Check-out, Fehler in der Rechnung oder unfreundliche Schnellabfertigung oft unnötig geschmälert.

- Mit welchem Gefühl verlässt der Gast das Hotel?

Ein Satz mit gutem Feng-Shui würde sich so anhören: „Vielen Dank für Ihren Besuch! Wir haben uns sehr gefreut, dass Sie bei uns waren, und hoffen, Sie wieder einmal bei uns begrüßen zu dürfen!"

Banken

Banken gehören zum Element „Metall", und selten findet man Banken ohne Wasser, weil Wasser bekanntermaßen mit Reichtum assoziiert wird. Doch in erster Linie muss eine Bank Vertrauen und Sicherheit einflößen. Ich habe für Sie recherchiert und einige interessante Berichte zum Thema „Banken und Feng-Shui" gefunden:

„Der Nachrichtensender BBC berichtete am 18. Februar 1998 über den tragischen Tod eines Bankdirektors und den von vier Spitzenbeamten der taiwanesischen Zentralbank, die sich an Bord eines Flugzeugs der Fluglinie *China Airlines* befanden - doch dies war offensichtlich nur der letzte in einer Reihe von Unglücksfällen, in die die Institution verwickelt war. Laut der taiwanesischen Zeitung *Economic Daily News* wurde die Bank vom Unglück verfolgt, seit sie 1994 in die neuen Gebäude umgezogen war. Auch der ehemalige Bankdirektor Liang Kuo-shu und Chang Pao-hsi, der Leiter der Devisenabteilung, starben in der Zeit, in der sie für die Bank tätig waren. Der örtlichen Gerüchteküche zufolge waren die unseligen Unglücksfälle mehr als nur Zufälle. Sie führte sie auf ein schlechtes Feng-Shui der Bank zurück. Das Nachrichtenblatt berichtete, dass die Bank bereits seit geraumer Zeit wegen ihres schlechten Feng-Shui-Konzeptes kritisiert worden sei. Der Bau des quadratisch geformten, mehrstöckigen Betongebäudes wurde durch eine Reihe von Rückschlägen behindert: Bankrott des Bauunternehmens, ein Feuer auf dem Dach und ein Arbeiter, der sich verletzte, als er vom Gebäude stürzte. Laut dem Bericht liegt die Vorderseite der Zentralbank-Hauptgeschäftsstelle der Dachecke des Nationaltheaters direkt gegenüber, und Feng-Shui-Kenner meinen, die Dachecke des Theaters habe als ein Brennpunkt fungiert, negative Energien gesammelt und direkt auf die Bank gerichtet.

Oder denken Sie nur an die *Bank of China* in Hongkong. Der Hongkonger Gouverneurssitz hatte stets ein exzellentes Feng-Shui, da er durch den Victoriagipfel (Schildkröte) geschützt wird, auf das Meer hinausblickt (Phönix) und die klassische Ausrichtung mit einem guten grünen Drachen und einem günstigen weißen Tiger besaß. Dieses hervorragende Feng-Shui wurde durch das Gebäude der *Bank of China* mit seinen scharfen Kanten und riesigen Fassadenkreuzen zerstört. Als der Gouverneur an Herzversagen bei Verhandlungen in Peking starb, führte man auch dies auf das üble Feng-Shui, welches von der *Bank of China* ausging, zurück. Die Einwohner Hongkongs waren folglich nicht überrascht, als sein chinesischer Nachfolger, C. H. Tung, es höflich ablehnte, in den Gouverneurssitz zu ziehen.

Ein Beispiel für die stimmige Anwendung von Feng-Shui-Regeln ist die Hongkong-Bank mit ihren zwei Wächterlöwen. Die berühmten Löwen wurden in einer aufwendigen Zeremonie und unter den Augen von mehreren Feng-Shui-Meistern platziert. Gemeinsam mit den Architekten wurde daran gearbeitet, einen perfekten Chi-Fluss ins Innere des Gebäudes zu gewährleisten. Der Platz vor dem Gebäude wird im Feng-Shui als ‚heller Saal' bezeichnet. Der Bankeingang hat so einen

* Lillian Too, *Das große Buch Feng Shui*, Könemann Verlag, 2000

ungestörten Ausblick auf das Meer, und der helle Saal erlaubt es dem günstigen Chi, sich einen Moment zu sammeln, bevor es sanft in die Bank geleitet wird.“*

Kanzleien

Große Pflanzen, Wasser, schöne Farben und eine angenehme Atmosphäre sollten den Klienten begrüßen, sodass er sich nicht nur wohlfühlt, sondern auch sicher und gut betreut. Neben dem Wohlfühlfaktor, einer höheren Effizienz der Mitarbeiter, einer Senkung des Krankenstandes und mehr Erfolg auf der ganzen Linie ist das Ziel einer guten Feng-Shui-Beratung die Stärkung des Ansehens des Kanzleiinhabers, da dies einen maßgeblichen Einfluss auf die Chancen und Möglichkeiten des zukünftigen Geschäftsverlaufs hat. Sein Büro wird nach seinem Element und seiner Ming-Kwa-Zahl ausgerichtet. Die richtige Büro-, Schreibtisch- und Sitzposition sowie die Art der Möbel und deren Anordnung zueinander runden das ausgewogene Gesamtbild der Kanzlei ab. Je wohler sich Mitarbeiter und Klienten in einer Kanzlei fühlen, desto vertrauenswürdiger wirkt diese nach außen und umso größer ist das Erfolgspotenzial der Kanzlei. Die meisten Kanzleien in Europa sind „trocken", verstaubt, eintönig und farblos. Nur mit großem Energieaufwand schaffen die Anwälte ihre Arbeit oder leiden unter Burnout-Symptomen. Kanzleien sind Denkfabriken, in denen Menschen hochkonzentriert ihre Arbeit erledigen müssen, und maßgeblich für Leistung und Erfolg ist ein weitgehend natürliches, gesundheitsförderndes und motivierendes Umfeld. Kanzleien gehören zum Element „Wasser". Deshalb sollte der Rechtsanwalt oder Notar einen blauen Anzug tragen, das stärkt darüber hinaus die Vertrauenswürdigkeit. Ein weißes Hemd, Element „Metall", verstärkt diesen Eindruck noch, und Krawatten in Grün, Rosa, Purpur oder Rot sind vorteilhaft. Einfach und ohne große Investitionen lassen sich für die Kanzlei selbst günstige Voraussetzungen schaffen mit Farb-, Beleuchtungs-, Design-, Material- und Akustikwahl.

Fragen Sie sich abschließend noch einmal:

- Wie gut ist Ihre Kanzlei zu finden?
- Findet der Klient schnell den Eingang?
- Ist das Erscheinungsbild harmonisch, im Einklang mit der Umgebung?
- Gibt es genügend Parkplätze?

- Gibt es Sha außerhalb oder innerhalb der Kanzlei?
- Sind Sie selbst voller Energie und die Mitarbeiter selten krank?
- Ist Ihr Klientel mit den Ergebnissen zufrieden?
- Ist die Auftragslage gut? Oder könnte sie noch etwas besser sein?

Unternehmen

Feng-Shui ist im Unternehmen nicht mehr wegzudenken, und Feng-Shui und Coaching werden langsam zu festen Größen in Unternehmen, weil sie die Mitarbeiter zu größeren Leistungen motivieren. Während der Coach versucht, die Arbeitsmotivation des Mitarbeiters zu verstehen und mit ihm seine Stärken herauszuarbeiten, beschäftigt sich das Feng-Shui mit der Gestaltung des Arbeitsplatzes. Das Ziel ist offensichtlich: Sind die Mitarbeiter motiviert und ist der Krankenstand gering, sind auch die Ergebnisse für das Unternehmen rosig! Bei der Feng-Shui Beratung werden der Standort, die Auftragslage, die Mitarbeiter und das äußere und innere Ambiente berücksichtigt. Der Gestaltung des Arbeitsplatzes mit Formen, Farben, Materialien und Raumaufteilungen, die dem Einzelnen nützen und gleichzeitig den Arbeitsfluss im Unternehmen unterstützen, wird besondere Beachtung geschenkt.

Die Visitenkarte jedes Unternehmens ist der Eingangsbereich, der viel über das Unternehmen selbst verrät, er spiegelt seine Identität wider. Ist die Firmenkultur offen und einladend oder setzt man eher auf Diskretion? Ein freundlicher erster Eindruck sollte allerdings in jedem Fall gegeben sein, denn ist der Empfang hell und freundlich, fühlt sich der Besucher wohl. Wichtig ist, dass ein Unternehmen nur über *einen* Haupteingang verfügt, da mehrere Eingänge für Verzettelung und Verwirrung beim Besucher sorgen. Eine Schwingtür regt an und bringt ständig neues Chi in das Unternehmen. Äußerst günstig ist auch ein großer Parkplatz, da sich hier das Chi sammeln kann; genannt wird dieser Platz im Feng-Shui übrigens *Min Tang*. Blumen in großen Töpfen oder ein Springbrunnen lassen sich außen platzieren und im Innenraum wiederholen; insbesondere ein leise plätschernder Wandbrunnen beruhigt. Blüten und Pflanzen in Kombination mit Licht wirken harmonisch. Die Form der Rezeption sollte nach innen geschwungen sein, das wirkt einladender auf die Besucher als eine eckige Form. Das Empfangspersonal sitzt mit dem Rücken zur Wand oder einem Wandschrank, um eine gestärkte Position einzunehmen. Auch ist darauf zu achten, dass das Personal nicht im Energiedurchzug sitzt, der entsteht, wenn man zwischen einem Fenster und einer Tür sitzt. Zusätzlich ist eine farbenfrohe Gestaltung förderlich für die Stimmung, und sie mindert zudem Anspannungen.

Praxen

Hier geht es darum, dem Patienten die Angst zu nehmen, ihm den Weg in die Praxis zu erleichtern und ihn so zu empfangen, dass er sich schon beim Eintreten sicher, gut betreut und willkommen fühlt. Wer unfreundliches Personal hat, muss sich nicht wundern, wenn die Patienten ausbleiben. Unser Gesundheitssystem ist im Wandel, und Patientenzufriedenheit ist heute wichtiger denn je. Ein patientenorientiertes Management und ein angenehmes Erscheinungsbild der Praxis werden daher immer wichtiger, zumal es immer mehr Selbstzahler geben wird.

Menschen sind ganzheitliche Wesen mit individuellen Persönlichkeitsaspekten, und sie möchten auch als solche angesprochen werden. Betritt der Patient die Praxisräume, reagiert er mit allen Sinnen und nimmt den Geruch, die Farben, die Stimmung und die Geräusche wahr. Seine Augen treffen auf eine freundliche Welt - oder auf eine kalte und abstoßende. Oft wird er von Hektik empfangen, von schlechten Gerüchen und einem wenig ansprechenden Ambiente. Doch gerade im

Empfangsbereich sollte sich der Patient im wahrsten Sinne des Wortes empfangen und von der ersten Minute an wohl und gut aufgehoben fühlen. Farben, Bildmotive und Mobiliar sollten derart gestaltet sein, dass sie dem Patienten das Ankommen erleichtern. Wie wird der Patient empfangen? Ein günstiges Feng-Shui besteht beispielsweise darin, dass der Empfangstresen seitlich zur Tür liegt und die Platte nicht nach außen hin, zum Patienten gebogen ist. Dies würde schneidendes Sha bewirken und ein ungutes Gefühl beim Patienten hervorrufen, der sich nicht willkommen fühlen würde. Auch ein quer zur Tür stehender Empfangstresen ist unvorteilhaft. Der Empfang sollte insgesamt großzügig, hell und freundlich gestaltet sein. Abgerundete Möbel sind günstiger als eckige, warme Farben empfehlenswerter als kühle.

Doch Wohlfühlen- oder Nichtwohlfühlen fängt ganz am Anfang an:

- Wie haben Patienten, die zum ersten Mal da sind, die Praxis gefunden?
- Wie war die Ausschilderung?
- Wo konnten sie parken?

- War ein Fahrstuhl vorhanden, oder konnten/mussten sie die Stufen erklimmen?
- Oder begann nicht alles noch früher, nämlich mit dem Anruf zur Terminvereinbarung?
- Mit welchen Worten wurden die Patienten begrüßt?
- Wie war die Telefonstimme und die Schwingung, die dabei spürbar war?
- Natürlich sollen die Patienten am Telefon schon so behandelt werden, dass sie sich wie im „5-Sterne-Bereich" wähnen.

Wartebereich

Betritt der Patient das Wartezimmer, zeigt sich, ob die Stühle bequem sind und der Abstand zu anderen Wartenden gewahrt werden kann. Im Wartebereich sollte der Patient die Möglichkeit haben, zur Ruhe zu kommen. Entspannende Farben, ein Wasserbrunnen, leise Musik, Pflanzen und bemalte Flächenvorhänge können den Patienten neben einem Aquarium oder schönen Bildern entspannen lassen - und ein entspannter Patient ist wiederum für den

Arzt besser zu therapieren, insbesondere in Zahnarztpraxen. Die hellen, freundlich gestalteten Wartezimmer heben sich von den Behandlungsräumen ab, da die Räume des Arztes eher nüchtern gehalten werden, damit so mehr Kompetenz suggeriert wird und Vertrauen in das Können des Arztes entsteht.

Behandlungszimmer

Das Besprechungszimmer ist der Ort, wo die ganz persönliche Kommunikation zwischen Arzt und Patient stattfindet. Hier präsentiert der Arzt mit der Einrichtung seine Persönlichkeit und seine berufliche Kompetenz. In Sichtweite des Patienten sollten daher Auszeichnungen und Fortbildungsdiplome platziert werden, und ein, zwei dicke Nachschlagewerke auf dem Schreibtisch machen ebenfalls Eindruck. Unordnung auf dem Schreibtisch hinterlässt allerdings den Eindruck, dass Sie wenig Zeit für Ihren Patienten haben, weil Sie ja noch so viel erledigen müssen. Wer eine runde, aufgesetzte Platte an seinem Schreibtisch hat, kann dort zudem gute Gespräche führen. Auch wenn die gestalterischen Möglichkeiten aufgrund der notwendigen Apparaturen eingeschränkt sind, so kann man doch einiges tun, um dem Patienten ein gutes Gefühl zu geben. Dazu gehören Bilder an der Wand oder der Decke, wie dies beim Zahnarzt günstig wäre. Ein Grundbedürfnis des Menschen besteht darin, den Schutz der drei Tiere Drache, Tiger und Schildkröte zu suchen. Da Patienten während der Behandlung beim Zahnarzt auf dem Rücken liegen, fehlt ihnen dieser Schutz. Erschwerend kommt hinzu, dass die Möglichkeit der verbalen Kommunikation während der Behandlung stark eingeschränkt ist. Da diese Gegebenheiten kaum veränderbar sind, ist es wichtig, alles zu nutzen, was den Patienten und damit auch den Behandler unterstützt, und eine dieser Situation angepasste Deckengestaltung ist sehr zu empfehlen. Dem Patienten sollte es, wenn es die Räumlichkeiten zulassen, zudem möglich sein, die Eingangstür zum Behandlungsraum im Blickfeld zu haben, damit er nicht zusätzlich dadurch verunsichert wird, dass er nicht sieht, wer den Raum betritt.

Für ein Gespräch sollte die Atmosphäre stimmig sein, Ängste sollten reduziert und Hoffnung und das Vertrauen zum Arzt sollten aufgebaut werden. Pflanzen, Wasser, blaue, grüne und rosafarbene Wände, ganz oder nur in Teilbereichen gestrichen, erzeugen genau diese Gefühle. Farben, die speziell die Angst nehmen, sind Grün und Blau. Sanftes Grün an den Wänden, bequeme Stühle, lebensbejahende Bilder an den Wänden und etwas Entspannungsmusik und angenehme Düfte wirken beruhigend. Ruhe, Gelassenheit und Zuversicht werden einkehren.

Stressminimierung

Stress ist ansteckend - aber gute Laune auch! Damit in der Praxis immer gute Stimmung herrscht, sind viele Faktoren wichtig: Waschen Sie nach jeder Behandlung die Innenseite Ihrer Unterarme unter fließend kaltem Wasser ab. Klopfen Sie sich selbst das Brustbein, den Thymus. Leben Sie selbst gesund, und rauchen Sie nicht! Man riecht es, und Sie selbst wirken unglaubwürdig, wenn Sie nach Zigaretten riechen sollten. Als Nächstes vergleichen Sie Ihre Jahreselemente mit denen Ihrer Mitarbeiter; sie sollten in einem förderlichen Zyklus zu Ihnen stehen. Sind Sie selbst beispielsweise im Jahr des Wassers geboren, so sind Angestellte in den Elementen Metall und Wasser günstig, da sie Sie am besten unterstützen werden. Darüber hinaus müssen Sie prüfen, ob Sie und Ihre Mitarbeiter energiemäßig zusammenpassen und sich nicht gegenseitig Energie rauben, ein Elementevergleich aller Mitarbeiter ist hier aufschlussreich. Elektrosmog ist ebenfalls Stress und muss so gut wie möglich vermieden werden, denn wer steht schon gerne unter Strom?

Büro

Der Arzt, Heilpraktiker oder Therapeut sitzt mit dem Rücken zur Wand und dem Blick in den Raum, entsprechend seiner Ming-Kwa-Zahl. Die Farben werden auf ihn und die Energie des Raumes abgestimmt. Beispiel: Ich bin im Jahr des Feuers geboren, sodass mein Feuerelement Unterstützung bräuchte. Da

Holz das Feuer nährt, wären Grüntöne, Rot und Gelb von Vorteil. Wenn wir aber nun einen Raum im Westen hätten und dieser nach der Farbe Weiß verlangt, muss als Harmoniefarbe Gelb gewählt werden. Zwischen Feuer und Metall wirkt die Erde verbindend. Um das Holz noch zu ergänzen, werden große Grünpflanzen gewählt.

火土金水木

Anhang

Empfohlene Literatur

Moogk, Olivia: *Beauty-Feng-Shui*. Silberschnur 1999.

Moogk, Olivia: *Business-Feng-Shui. Der Interieur-Erfolgsfaktor*. Silberschnur 2003.

Moogk, Olivia/Sörries-Herrnkind, Barbara: *Qi-Gardens. Die kombinierte Gartengestaltung - facettenreich & ausgewogen: Gärten gestalten mit Feng-Shui*. Silberschnur 2004.

Moogk, Olivia: *Gesund mit Feng-Shui: Lebenskraft in Harmonie mit der Natur*. Lüchow 2006.

Moogk, Olivia: *Feng-Shui auf 68 qm: Harmonie auf kleinstem Raum*. Silberschnur 2009.

Moogk, Olivia: *Bauen und Renovieren mit Feng-Shui: Harmonisch und im Einklang mit der Umgebung und den Menschen bauen*. Blottner 2011.

Feng-Shui-Maßtabelle

Bereich	von cm		bis cm
Reichtum	0,00 cm	-	5,37 cm
Krankheit	5,38 cm	-	10,74 cm
Trennung	10,75 cm	-	16,11 cm
gutes Gelingen	16,12 cm	-	21,48 cm
Kraft	21,49 cm	-	26,85 cm
Verlust	26,86 cm	-	32,22 cm
Verletzung	32,23 cm	-	37,59 cm
Kapital	37,60 cm	-	42,96 cm
Reichtum	42,97 cm	-	48,33 cm
Krankheit	48,34 cm	-	53,70 cm
Trennung	53,71 cm	-	59,07 cm
gutes Gelingen	59,08 cm	-	64,44 cm
Kraft	64,45 cm	-	69,81 cm
Verlust	69,82 cm	-	75,18 cm
Verletzung	75,19 cm	-	80,55 cm
Kapital	80,56 cm	-	85,92 cm
Reichtum	85,93 cm	-	91,29 cm
Krankheit	91,30 cm	-	96,66 cm
Trennung	96,67 cm	-	102,03 cm
gutes Gelingen	102,04 cm	-	107,40 cm
Kraft	107,41 cm	-	112,77 cm
Verlust	112,78 cm	-	118,14 cm
Verletzung	118,15 cm	-	123,51 cm
Kapital	123,52 cm	-	128,88 cm

Feng-Shui-Maßtabelle

Bereich	von cm		bis cm
Reichtum	128,89 cm	-	134,25 cm
Krankheit	134,26 cm	-	139,62 cm
Trennung	139,63 cm	-	144,99 cm
gutes Gelingen	145,00 cm	-	150,36 cm
Kraft	150,37 cm	-	155,73 cm
Verlust	155,74 cm	-	161,10 cm
Verletzung	161,11 cm	-	166,47 cm
Kapital	166,48 cm	-	171,84 cm
Reichtum	171,85 cm	-	177,21 cm
Krankheit	177,22 cm	-	182,58 cm
Trennung	182,59 cm	-	187,95 cm
gutes Gelingen	187,96 cm	-	193,32 cm
Kraft	193,33 cm	-	298,69 cm
Verlust	198,70 cm	-	204,06 cm
Verletzung	204,07 cm	-	209,43 cm
Kapital	209,44 cm	-	214,80 cm
Reichtum	214,81 cm	-	220,17 cm
Krankheit	220,18 cm	-	225,54 cm
Trennung	225,55 cm	-	230,91 cm
gutes Gelingen	230,92 cm	-	236,28 cm
Kraft	236,29 cm	-	241,65 cm
Verlust	241,66 cm	-	247,02 cm
Verletzung	247,03 cm	-	252,39 cm
Kapital	252,40 cm	-	257,76 cm

Jahr	Beginn	Jahres-element	Tierkreis-zeichen
1920	20. Februar	Metall	Affe
1921	08. Februar	Metall	Hahn
1922	28. Januar	Wasser	Hund
1923	16. Februar	Wasser	Schwein
1924	05. Februar	Holz	Ratte
1925	25. Januar	Holz	Büffel
1926	13. Februar	Feuer	Tiger
1927	02. Februar	Feuer	Hase
1928	23. Januar	Erde	Drache
1929	10. Februar	Erde	Schlange
1930	30. Januar	Metall	Pferd
1931	17. Februar	Metall	Schaf
1932	06. Februar	Wasser	Affe
1933	26. Januar	Wasser	Hahn
1934	14. Februar	Holz	Hund
1935	04. Februar	Holz	Schwein
1936	24. Januar	Feuer	Ratte
1937	11. Februar	Feuer	Büffel

Ming Kwa Beginn	Ming Kwa Männer	Ming Kwa Frauen
04. Februar	8	7
05. Februar	7	8
05. Februar	6	9
05. Februar	2	1
04. Februar	4	2
05. Februar	3	3
05. Februar	2	4
05. Februar	1	8
04. Februar	9	6
05. Februar	8	7
05. Februar	7	8
05. Februar	6	9
04. Februar	2	1
05. Februar	4	2
05. Februar	3	3
05. Februar	2	4
04. Februar	1	8
05. Februar	9	6

Jahr	Beginn	Jahres-element	Tierkreis-zeichen
1938	31. Januar	Erde	Tiger
1939	19. Februar	Erde	Hase
1940	08. Februar	Metall	Drache
1941	27. Januar	Metall	Schlange
1942	15. Februar	Wasser	Pferd
1943	05. Februar	Wasser	Schaf
1944	25. Januar	Holz	Affe
1945	13. Februar	Holz	Hahn
1946	02. Februar	Feuer	Hund
1947	22. Januar	Feuer	Schwein
1948	10. Februar	Erde	Ratte
1949	29. Januar	Erde	Büffel
1950	17. Februar	Metall	Tiger
1951	06. Februar	Metall	Hase
1952	27. Januar	Wasser	Drache
1953	14. Februar	Wasser	Schlange
1954	03. Februar	Holz	Pferd
1955	24. Januar	Holz	Schaf

Ming Kwa Beginn	Ming Kwa Männer	Ming Kwa Frauen
05. Februar	8	7
05. Februar	7	8
04. Februar	6	9
05. Februar	2	1
05. Februar	4	2
05. Februar	3	3
04. Februar	2	4
05. Februar	1	8
05. Februar	9	6
05. Februar	8	7
04. Februar	7	8
05. Februar	6	9
05. Februar	2	1
05. Februar	4	2
04. Februar	3	3
05. Februar	2	4
05. Februar	1	8
05. Februar	9	6

Jahr	Beginn	Jahres-element	Tierkreis-zeichen
1956	12. Februar	Feuer	Affe
1957	31. Januar	Feuer	Hahn
1958	18. Februar	Erde	Hund
1959	08. Februar	Erde	Schwein
1960	28. Januar	Metall	Ratte
1961	15. Februar	Metall	Büffel
1962	05. Februar	Wasser	Tiger
1963	25. Januar	Wasser	Hase
1964	13. Februar	Holz	Drache
1965	02. Februar	Holz	Schlange
1966	21. Januar	Feuer	Pferd
1967	09. Februar	Feuer	Schaf
1968	30. Januar	Erde	Affe
1969	17. Februar	Erde	Hahn
1970	06. Februar	Metall	Hund
1971	27. Januar	Metall	Schwein
1972	15. Februar	Wasser	Ratte
1973	03. Februar	Wasser	Büffel

Ming Kwa Beginn	Ming Kwa Männer	Ming Kwa Frauen
04. Februar	8	7
05. Februar	7	8
05. Februar	6	9
05. Februar	2	1
04. Februar	4	2
05. Februar	3	3
05. Februar	2	4
05. Februar	1	8
04. Februar	9	6
05. Februar	8	7
05. Februar	7	8
05. Februar	6	9
04. Februar	2	1
05. Februar	4	2
05. Februar	3	3
05. Februar	2	4
04. Februar	1	8
05. Februar	9	6

Jahr	Beginn	Jahres-element	Tierkreis-zeichen
1974	23. Januar	Holz	Tiger
1975	11. Februar	Holz	Hase
1976	31. Januar	Feuer	Drache
1977	18. Februar	Feuer	Schlange
1978	07. Februar	Erde	Pferd
1979	28. Januar	Erde	Schaf
1980	16. Februar	Metall	Affe
1981	05. Februar	Metall	Hahn
1982	25. Januar	Wasser	Hund
1983	13. Februar	Wasser	Schwein
1984	02. Februar	Holz	Ratte
1985	20. Februar	Holz	Büffel
1986	09. Februar	Feuer	Tiger
1987	29. Januar	Feuer	Hase
1988	17. Februar	Erde	Drache
1989	06. Februar	Erde	Schlange
1990	27. Januar	Metall	Pferd
1991	15. Februar	Metall	Schaf

Ming Kwa Beginn	Ming Kwa Männer	Ming Kwa Frauen
05. Februar	8	7
05. Februar	7	8
04. Februar	6	9
05. Februar	2	1
05. Februar	4	2
05. Februar	3	3
04. Februar	2	4
05. Februar	1	8
05. Februar	9	6
05. Februar	8	7
04. Februar	7	8
05. Februar	6	9
05. Februar	2	1
05. Februar	4	2
04. Februar	3	3
05. Februar	2	4
05. Februar	1	8
05. Februar	9	6

Jahr	Beginn	Jahres-element	Tierkreis-zeichen
1992	04. Februar	Wasser	Affe
1993	23. Januar	Wasser	Hahn
1994	10. Februar	Holz	Hund
1995	31. Januar	Holz	Schwein
1996	19. Februar	Feuer	Ratte
1997	07. Februar	Feuer	Büffel
1998	28. Januar	Erde	Tiger
1999	16. Februar	Erde	Hase
2000	05. Februar	Metall	Drache
2001	24. Januar	Metall	Schlange
2002	12. Februar	Wasser	Pferd
2003	01. Februar	Wasser	Schaf
2004	22. Januar	Holz	Affe
2005	09. Februar	Holz	Hahn
2006	29. Januar	Feuer	Hund
2007	18. Februar	Feuer	Schwein
2008	02. Februar	Erde	Ratte
2009	16. Januar	Erde	Büffel

Ming Kwa Beginn	Ming Kwa Männer	Ming Kwa Frauen
04. Februar	8	7
05. Februar	7	8
05. Februar	6	9
05. Februar	2	1
04. Februar	4	2
05. Februar	3	3
05. Februar	2	4
05. Februar	1	8
04. Februar	9	6
05. Februar	8	7
05. Februar	7	8
05. Februar	6	9
04. Februar	2	1
05. Februar	4	2
05. Februar	3	3
05. Februar	2	4
04. Februar	1	8
05. Februar	9	6

Jahr	Beginn	Jahres-element	Tierkreis-zeichen
2010	14. Januar	Metall	Tiger
2011	03. Februar	Metall	Hase
2012	23. Januar	Wasser	Drache
2013	10. Februar	Wasser	Schlange
2014	31. Januar	Holz	Pferd
2015	19. Februar	Holz	Schaf
2016	08. Februar	Feuer	Affe
2017	28. Januar	Feuer	Hahn
2018	16. Februar	Erde	Hund
2019	05. Februar	Erde	Schwein
2020	25. Januar	Metall	Ratte

Ming-Kwa-Tabelle

Beachten Sie bitte, dass das Jahr für die Ming-Kwa-Zahl abweichend ist vom Beginn des Jahres für die Tierkreiszeichen und Elemente!

Das Ming-Kwa-Jahr beginnt am 4. bzw. 5 Februar (je nach Schaltjahr).

Ming Kwa Beginn	Ming Kwa Männer	Ming Kwa Frauen
05. Februar	8	7
05. Februar	7	8
04. Februar	6	9
05. Februar	2	1
05. Februar	4	2
05. Februar	3	3
04. Februar	2	4
05. Februar	1	8
05. Februar	9	6
05. Februar	8	7
04. Februar	7	8

Wenn Sie beispielsweise am 1. Februar 1957 geboren wurden, dann sind Sie in einem Jahr des Feuer-Hahnes geboren, aber die Ming Kwa zählt noch zum alten Jahr, da sie vor dem 5. Februar liegt.
Sie haben somit die Ming Kwa 8 (Ming Kwa Männer) oder 7 (Ming Kwa Frauen) des Vorjahres.

火土金水木

Feng-Shui-Adressen und -Lieferanten

- *Accessoires · Türbänder · Düfte · Geldmünzen Buddhas · Geldfrösche u.a.*
- *Skulpturen und Objekte*

  www.moogk-design.de
  www.muenchen-physio.de
  info@muenchen-physio.de

- *Farben für die Seele, Farbplatten nach den fünf Elementen für Ihre Treppenaufgänge und Räume – für mehr Energie im Leben!*

  Wände mit Charakter
  Dietzel Farbe & Design
  Wolfgang Dietzel
  info@dietzel-farbe-design.de
  www.dietzel-farbe-design.de

- *Untersuchung Ihrer Räume auf Störzonen*
  Heilpraktiker und Geopathologe

  Franz-Dieter Krost
  www.krost-heilpraktiker.de

- *Kunst aus Holz, Speckstein und Bronze nach den fünf Elementen und Tierkreiszeichen aus Künstlerhand*

  Elke Paleit
  elkepaleit@hotmail.com
  www.elkepaleit.de

- *Wandmalereien – erfüllt mit Herz und Seele in Abstimmung mit Ihren Feng-Shui-Vorgaben*

  DER WANDELMALER
  Alfred J. Opiolka
  info@wandelmaler.de
  www.wandelmaler.de

- *Entstörung von Räumen mit dem Geosafe-System*
- *Frequenzangepasste Strahlungsneutralisation*

INTERNATIONALES INSTITUT FÜR GEO-BAUBIOLOGIE
Dieter Schäfer
www.geobaubiologie.de

- *Schlafen auf Natur-Matratzen der besonderen Art, auch Feng-Shui-Maße möglich!*

Firma Recticel Schlafkomfort GmbH
www.sembella.de

- *Feng-Shui-Beratungen für Wohnungen, Häuser und Gewerbe im In- und Ausland*
- *Feng-Shui-Ausbildung und Meisterklassen nach altchinesischem Vorbild in „Intensiv Learning Study Groups“*

INTERNATIONALES FENG-SHUI-INSTITUT MOOGK
Olivia Moogk
fengshuimoogk@fengshuimoogk.de
www.fengshuimoogk.de

火土金水木

Über die Autorin

Olivia Moogk hat nach ihrer Ausbildung zur Physiotherapeutin in China Traditionelle Chinesische Medizin und Feng-Shui studiert. Seit dieser Zeit unternahm sie Studienreisen zu Meistern des Feng-Shuis wie Prof. Wang und Prof. Dr. Cheng, nach Hongkong zu Raymond Lo, zu dem australischen Architekten Howard Choy und zu Großmeister Yap Cheng Hai in England.

Die Autorin widmet sich seit vielen Jahren dem Studium der östlichen Philosophie und der Traditionellen Chinesischen Medizin, bildet fundiert auf diesem Gebiet aus und berät Privat- und Business-Klienten hinsichtlich ihrer Häuser und Firmen (u. a. Edeka, Beiersdorf, Axel Springer Verlag, Lilly, Wella, Welonda oder AMC Deutschland).

Sie ist Mitbegründerin der »International Feng Shui Association« mit Sitz in China unter Leitung von Prof. Wang und zudem ein gerngesehener Gast bei zahlreichen Rundfunk- und Fernsehsendern, wo sie in Talkrunden ihr Wissen weitergibt.

»Die größten Menschen sind jene,
die anderen Hoffnung geben können.«

Jean Jaures

224 Seiten, broschiert,
inklusive 16 Seiten Farbteil
ISBN 978-3-89845-270-0
€ [D] 12,90

Olivia Moogk

Feng-Shui auf 68m²

Harmonie auf kleinstem Raum

Je kleiner die Wohnung, desto wichtiger ist es, sie nach dem individuellen Element des Feng-Shuis mit Farben, Pflanzen, Bildern und der Möblierung so einzurichten, dass Glück, Harmonie und Wohlstand die natürlichen Folgen sein werden. Die versierte Feng-Shui-Expertin Olivia Moogk leitet Sie in diesem speziell für kleinere Wohnungen geschriebenen Buch mit sicherer »Master-Hand« an, grundlegende Einrichtungsmaßstäbe sowie Ideen des Feng-Shuis umzusetzen, um so die Gestaltung Ihres Zuhauses beispielsweise nach den Himmelsrichtungen, den Elementen oder den chinesischen Tierkreiszeichen auszurichten. Ein umfassendes und doch klares Nachschlagewerk für alle, die nach neuen Erkenntnissen suchen, um in ihren vier Wänden harmonisch leben, statt nur wohnen zu können ...

248 Seiten, Großformat,
geb. mit zahlreichen Abb.
ISBN 978-3-89845-077-5
€ [D] 39,90

Olivia Moogk & Barbara Sörries-Herrnkind

Qi-Gardens

Gärten gestalten mit Feng-Shui

Dies ist das erste Fachbuch, in dem – anhand zahlreicher Praxis-Beispiele – veranschaulicht wird, wie eng sich das 5000 Jahre alte Wissen des Feng-Shuis mit traditioneller Garten- und Landschaftsgestaltung verbinden lässt. Neu ist vor allem, dass der Mensch im Mittelpunkt steht und sein Geburtsdatum Hinweise auf seine elementaren Bedürfnisse in der Gartengestaltung gibt. »Qi-Gardens« ist somit ein Begriff für Gärten, in denen man sich vertraut und geborgen fühlen und die Seele baumeln lassen kann. Daneben enthält das Buch umfangreiche Planbeispiele, Pflanzenlisten, keltisches Baumwissen, Rezepte aus dem eigenen Garten u.v.m.

176 Seiten, durchgängig 4-farbig gedruckt, geb.
ISBN 978-3-89845-031-7
€ [D] 29,90

Olivia Moogk

Business-Feng-Shui

Der Interieur-Faktor für Ihren Erfolg

Hier vermittelt die Erfolgsautorin, wie man die chinesische Harmonielehre in der Welt des Business anwenden kann – und so für erfreuliche Geschäftsabschlüsse, zufriedene Kunden und gut motivierte Mitarbeiter sorgt. So öffnen sich auch in Zeiten der Rezession ungeahnte Karrieremöglichkeiten – vom Homeoffice bis zu großen internationalen Firmen. Die Autorin zeigt auf, wodurch sich gute Unternehmensstandorte auszeichnen, welche Einrichtungsgegenstände unterstützend wirken und welche Bedeutung das persönliche Geburtsjahr hat. Wichtig für den persönlichen und beruflichen Erfolg sind zudem die richtigen Zahlen in der Haus-, Telefon- und Kontonummer sowie das farblich passende und typgerechte Outfit. Nicht zuletzt gehört zum positiven Erscheinungsbild und zur Gewinnsteigerung eines Unternehmens auch die ansprechende Gestaltung der Drucksorten.

192 Seiten, durchgehend 4-farbig, gebunden
ISBN 978-3-89845-197-0
€ [D] 29,90

Olivia Moogk

Feng-Shui & Naturmedizin

8 Faktoren für Ihre Gesundheit

Das Buch zu einem neuen Gesundheitsverständnis! Hilfe können Sie erwarten für das Herz-Kreislauf- und Gefäßsystem, für Kopf und Gelenke, den Menstruationszyklus oder einen besseren Schlaf. Die Autorin zeigt auf, wie man mit Qi umgeht, Stress abbaut, das Immunsystem stärkt, geistigen und körperlichen Ballast abwirft, Krankheiten heilt, die Regeneration fördert und schließlich ein »Better-Aging« betreibt. Die Methoden hierzu kommen gleichermaßen aus dem Bereich des Feng-Shuis wie aus der Naturmedizin selbst. Schritt für Schritt wird der Leser neue Möglichkeiten entdecken, sich eines besseren und gesünderen Lebens zu erfreuen …

168 Seiten, gebunden, zweifarbig illustriert
ISBN 978-3-931652-54-8
€ [D] 14,90

Olivia Moogk

Feng-Shui – neun erfolgreiche Strategien für Gewinner

Bislang unbekannt war der Bagua-Imagery-Faktor, der Sie durch neun Bereiche des Denkens führt. Er animiert zur Innenschau und hilft bei der Umsetzung neu gewonnener Erkenntnisse. Das bringt Sie zu dem, was wir alle wollen, nämlich zum erfolgreichen Handeln in allen Bereichen. Für Neueinsteiger in das Thema wie für professionelle Feng-Shui-Consulter liegt hier der Schlüssel zu dauerhaftem Erfolg. Betreten Sie die neun Erkenntnisräume, und sehen Sie, auf welchem Sektor Sie noch Lücken haben und wo Sie sich bereits zufrieden zurücklehnen können. Das Buch bietet viele Inspirationen, wie Sie noch mehr Klarheit und Hilfe für das tägliche Leben erhalten können.

192 Seiten, 2-farbig, Klappenbr.
ISBN 978-3-89845-335-6
€ [D] 14,90

Chris Prentiss

Das 9x9 der Lebensweisheiten

Kostbare Geheimnisse für ein glückliches Leben

Wie wir all die guten Dinge bekommen, die wir schätzen.
Chris Prentiss, international bekannter Autor vieler Bücher, hat fast 40 Jahre lang überall auf der Welt nach den Geheimnissen geforscht, die Menschen wahren Erfolg, Wohlstand und anhaltendes Glück bescheren. Dabei hat er einen Weg entdeckt, der zu den wunderbaren Gaben geführt hat, nach denen wir uns alle sehnen: wahre Freundschaft, Frieden, Glück, liebevolle Beziehungen zu Menschen, insbesondere zu unseren Kindern, sowie ein einträglicher Beruf.
Die 81 Geheimnisse in diesem Buch werden auch Sie frei machen, beschützen und Ihnen Glück bringen, damit Sie sich auf den Flügeln von sechs Drachen in die Höhen des Erfolges emporschwingen können ...

128 Seiten, broschiert
ISBN 978-3-89845-329-5
€ [D] 6,95

Ryuho Okawa

Danke, mir geht es bestens!

Herausforderungen gelassen meistern

Wie gehen Sie mit Herausforderungen in Ihrem Leben um? Begegnen Sie schwierigen Situationen gelassen, oder stellen Probleme unüberwindbare Hürden für Sie dar?
Dieses Buch ist ein modernes Trainingsprogramm und zeigt Ihnen, wie Sie in schwierigen Situationen den Überblick und stets eine positive Grundhaltung zum Leben behalten. Universelle Formeln im Buch helfen Ihnen dabei, Ihren einzigartigen Charakter zum Leuchten zu bringen, fröhlich zu sein und sich einen freien Geist zu bewahren.
Dieser wertvolle Begleiter ist eine wahre Schatztruhe für ein Leben in Harmonie.

208 Seiten, broschiert
ISBN 978-3-89845-319-6
€ [D] 6,95

A. R. Hari

Wasser. Die Wundertherapie

Bereits die alten Inder kannten die zentrale Bedeutung des Wassers für ein langes und gesundes Leben.
Der indische Autor Hari erläutert, warum reines Wasser so enorm wichtig ist für unser Wohlergehen:

- Die Wunderbotschaft des Wassers
- Das Wassergedächtnis
- Wasser und der Alterungsprozess
- Die Energetisierung von Wasser
- Magnetisiertes Wasser

Folgen Sie dem Wasserprotokoll im Buch, und lernen Sie Wasser als den besten Wellnessdrink aller Zeiten kennen.